© Verlag Zabert Sandmann
München
1. Auflage 2007
ISBN 978-3-89883-194-9

Redaktion: Regina Carstensen, Iris Eisenbeiß, Karen Guckes-Kühl, Julei M. Habisreutinger

Redaktionelle Mitarbeit: Barbara Esser, Dr. Elisabeth Sandmann, Dr. Petra Thorbrietz

Wissenschaftliche Beratung: Prof. Dr. Wassilios E. Fthenakis, Prof. Dr. Martin Halle, Helmut Hoffmann, Prof. Dr. Bernd Schorb, Prof. Dr. Alexander Woll

Grafische Gestaltung: Georg Feigl

Umschlagfotos: Alexander Haselhoff (hinten, unten rechts und links), Boris Kodjoe (vorne und hinten, oben)

Herstellung: Karin Mayer, Peter Karg-Cordes

Lithografie: Christine Rühmer

Druck und Bindung: Mohn media Mohndruck GmbH, Gütersloh

Boris Becker

Was Kinder stark macht

unter Mitarbeit von
Helmut Hoffmann, Dr. Elisabeth Sandmann
und Dr. Petra Thorbrietz

ZABERT
SANDMANN

Inhalt

» Wenn mich jemand aufgefordert hätte, ich solle mir drei Kinder nach meiner Vorstellung malen, dann hätte ich mir diese drei gemalt. Ich hätte mir keine anderen vorstellen können als diese drei. Alle Kinder sind schön und wunderbar, aber meine drei sind meine perfekten. «

Halbzeit, vielleicht

Seit geraumer Zeit beschäftigt mich der Gedanke, dass ich 40 werde. Ich weiß nicht, wie es anderen geht, wenn sie dieses Alter erreichen, aber ich schaue seit einer Weile auf mein bisher gelebtes Leben und auf das, was sich in den letzten Jahrzehnten ereignet hat. Da war ziemlich viel dabei, was einem nicht alle Tage widerfährt – das meiste ist bekannt, es gab ja keine Zeitung, die nicht über meine Erfolge und Niederlagen oder mein Privatleben berichtet hätte. In meinen Vorstellungen und in meiner Art zu denken hat sich in den letzten Jahren aber so vieles verändert, wenn ich es damit vergleiche, wie ich noch vor fünf Jahren gedacht habe und welche Empfindungen ich damals zu diesen oder jenen Dingen hatte.

Was habe ich erreicht, was hat mich verändert?

Ich stelle mir Fragen wie: Was habe ich bisher erreicht? Und werde ich für die nächsten 40 Jahre noch die Energie haben, wichtige neue Ziele zu verwirklichen? Zumindest wäre es schön, wenn ich 80 würde und dann noch so gesund und vital sein könnte, wie ich es heute bin. Aber von dem Wunsch nach Gesundheit abgesehen, habe ich mit meinem Leben noch sehr viel mehr vor, als nur alt zu werden. Vielleicht ist das jetzt meine Halbzeit. Und nach einer Halbzeit bietet es sich an, kritisch Bilanz zu ziehen. Jetzt, mit fast 40, habe ich zum ersten Mal das Gefühl, bei mir selbst angekommen zu sein. Ich habe in ein paar wesentlichen Dingen Klarheit gewonnen, ich ahne, worum es in diesem Leben geht, und ich habe eine Vorstellung von meinen Wünschen. Ich habe gelernt, meine Niederlagen als Lebenserfahrung anzunehmen und das Glück zu genießen, wenn es da ist. Ich würde sagen, ich bin ein glücklicher Mensch.

Ich kann mich nicht erinnern, dass ein Geburtstag für mich eine vergleichbare Rolle gespielt hätte wie dieser. Doch, vielleicht mein zehnter, als ich zum ersten Mal »zweistellig« wurde. Damals habe ich auch lange darüber nachgedacht, was sich jetzt ändern könnte. Ich hatte da ja noch keine Ahnung, was ein paar Jahre später auf mich warten würde. Dreistellig wird man ja nur sehr selten, und insofern hatte es als Zehnjähriger auch eine symbolische Bedeutung, von einem Tag auf den anderen zwei Ziffern für sein Alter zu schreiben. Mein 25. Geburtstag, da war ich immerhin schon ein Vierteljahrhundert alt, spielte dagegen keine Rolle. Er ging im Sport unter, im wahrsten Sinne des Wortes, denn ich spielte gerade im WM-Finale in Frankfurt. Als ich 30 wurde, fühlte es sich genauso an wie später dann mit 32 oder mit 34 – es blieben fast normale Tage, die mich innerlich nicht sonderlich berührten.

Noch bin ich stärker als mein großer Sohn

Aber mit 40 spüre ich nicht nur die geistige und seelische Veränderung, sondern auch die körperliche. Ich bin Sportler, ich war Leistungssportler. Ich musste jeden Tag diszipliniert leben und trainieren. Heute muss ich das nicht mehr, und die Versuchungen sind groß. Wenn ich mich ein paar Wochen nicht gesund ernähre oder zu viel esse, dann weiß ich, dass ich mehr wiege – ich weiß es übrigens auch immer schon, bevor die Bild-Zeitung meine drei Kilo zu viel einem Millionenpublikum präsentiert. Heute sehe ich nicht mehr aus wie mit 20, und ich ahne, es dauert vielleicht noch ein, zwei Jahre, dann ist mein ältester Sohn Noah stärker als ich. Im Moment testet er noch aus, wie weit er gehen kann, wenn wir zusammen Sport treiben oder miteinander raufen. Eigentlich erwartet er, dass ich stärker bin als er und er beim Ringen relativ schnell am Boden liegt, aber wie lange noch?

An den Kindern merkt man, wie sich in jeder Hinsicht der Begriff von Zeit für einen selbst verändert. Das hört sich platt an – ist es aber nicht. Nun würde es pathetisch klingen, wenn ich mit 40 über mein Lebensende nachdenken wollte, aber ich denke tatsächlich über die Zeit nach, die mir bleibt. Wie möchte ich sie nutzen und mit wem? Ich musste in den letzten Jahren Krisen erfahren, die mit dem berühmten Blick in den Abgrund geradezu freundlich umschrieben sind. Ich setze darum heute andere Schwerpunkte, seit ich in einem viel tieferen Sinn begriffen habe, welche Bedeutung meine Kinder für mein Leben haben. Ich bin dadurch stark geworden, und von dieser Stärke möchte ich meinen Kindern etwas geben. Denn niemand stärkt mich umgekehrt so wie sie.

Das wichtigste Fundament ist die Familie

Und darum geht es in diesem Buch: Ich kann und möchte etwas darüber sagen, was Kinder stark macht und warum es für uns Erwachsene so wichtig ist, darüber immer wieder nachzudenken. Ich weiß aus eigener Erfahrung, dass es zwischen Eltern und Kindern um drei elementare Dinge geht: um Liebe, um Vertrauen und um klare Regeln. Natürlich geht es um noch viel mehr, aber das sind die »Basics«, die Grundlagen dafür, dass man selbstbewusst aufwachsen und stark werden kann.

Als ich mit 16 von zu Hause weg bin, um sportlich weiterzukommen, habe ich gedacht, alle anderen seien so aufgewachsen wie ich. Nämlich in einer Familie, die sich als Insel begriff – oder besser – als Bastion. Ich fühlte mich an einem geschützten Ort, für den klare Regeln galten. Egal welche Prioritäten die Welt da draußen setzte, bei uns gab es um halb sieben Abendessen, und es zählte auch später nicht, wie viel Geld ich verdiente oder wem ich in London oder Monte Carlo begegnet war, sondern einzig und allein, wie ich mich gegenüber der Familie verhielt und welche Manieren ich hatte. Wenn ich allein schon an die Tischordnung denke, wer beim Essen wo saß oder wer zuerst was bekommen hat. Mein Vater thronte am Kopfende und meine Mutter hatte von ihrem Platz aus die Küchentür im Rücken, sodass sie schnell in die Küche gehen konnte. Ich wiederum saß gegenüber meiner Mutter, und meine Schwester neben mir. Natürlich hat sich mein Vater zuerst nehmen dürfen, wenn das Essen serviert wurde. Bei uns war das ganz klassisch, und als ich später erwachsener war und mit meinen Eltern über andere Lebensmodelle diskutieren konnte, da meinten sie, bei ihnen funktioniere nur dieses Modell – und darin waren sie sich beide immer einig. Sie zogen an einem Strang. Sie wussten, damit das Becker-Boot sicher den Ozean überqueren konnte, mussten alle ihren Platz und ihre Aufgaben kennen. Und zweifellos hat mich dabei die Rolle, die mein Vater als Familienoberhaupt einnahm, in meiner Männerrolle ebenso geprägt wie die Sicherheit, die dieses Modell garantierte. Von dieser uneinnehmbaren Bastion aus ließ sich die Welt entdecken, und das habe ich als kleiner Junge und als Jugendlicher auch intensiv getan. Man muss als Kind Erfahrungen machen dürfen und Risiken wagen, an die Grenze gehen können oder manchmal vielleicht sogar darüber hinaus. Auch wenn man dummes Zeug anstellte, gaben mir meine Eltern doch immer das Gefühl, dass sie bedingungslos zu mir hielten.

Meine Kinder sollen wissen, dass das Wichtigste in meinem und in ihrem Leben das familiäre Fundament ist – und egal welche Probleme es gibt, sie können mir jederzeit alles anvertrauen – wir werden schon eine Lösung finden. In den letzten 25 Jahren habe ich so oft erfahren, dass diese Familienbastion mein Rückhalt war, auch und gerade dann, wenn die ganze Welt da draußen verrückt spielte. Für mich ist das der wichtigste Wert in einer Familie: Vertrauen und bedingungsloser Rückhalt. Wenn Kinder wissen, dass sie immer und mit all ihren Problemen nach Hause kommen dürfen und dass man miteinander reden kann, macht sie das stark, und mit Sicherheit entwickeln sie in sich eine größere Abwehr gegen Drogen und all die anderen Abgründe, von denen sie tagtäglich bedroht sind.

Den Alltag teilen, Zeit für die eigenen Kinder finden

Solche Fragen, die sich auf den Wert und die Kraft der Familie beziehen, beschäftigen mich (und andere) vor allem angesichts der hohen Scheidungsraten. Ich bin selbst geschieden, und in meinem Freundeskreis sind das mittlerweile auch viele. Die Kinder aus solchen Beziehungen müssen damit zurechtkommen, dass der Vater möglicherweise an einem anderen Ort als die Mutter lebt und dass sich Kinder und Eltern nicht mehr jeden Tag sehen. Was bedeutet das für die Väter? Ich bin ein solcher Vater, was ist meine Rolle in einer solchen Situation? Und was für eine nimmt die Mutter ein? Wo liegen unsere jeweiligen Stärken und Schwächen? Wie kann ich etwa die Nähe zu meinen Kindern aufrechterhalten, wenn sie, wie in meinem Fall, in Miami und in London leben? Aber das Problem stellt sich selbst dann, wenn sehr viel weniger Entfernung als ein Ozean dazwischenliegt. Wie kann ich mit meinen Kindern so viel Zeit wie möglich verbringen, damit wir einen Alltag ebenso erleben wie gemeinsame Unternehmungen? Wie schaffe ich es, dass mich – ich betrachte mich da wieder selbst – die beiden Mütter meiner Kinder dabei unterstützen? Wie erleben sich Stiefgeschwister? Wie bringt man sie zusammen – und warum ist das so wichtig? In diesen Punkten habe ich einige zentrale Weichen gestellt – ich glaube, die richtigen. Und vielleicht hilft meine Erfahrung denen, die in ähnlichen Situationen sind. Aber davon später.

Warum Sport so wichtig für Kinder ist

Nicht nur das klassische Familienmodell mit einer klaren Rollenverteilung ist heute kaum mehr vorhanden – ob es immer gut war, sei hier dahingestellt –, viele Erwachsene, insbesondere in Deutschland, haben offenbar auch vergessen, dass sie selbst einmal Kinder waren. Und damit ist das Wissen, was Kinder für ihr Aufwachsen brauchen, immer weniger vorhanden. Zumindest legen dies die Statistiken nahe, die einen rasanten Anstieg an übergewichtigen und unsportlichen Kindern verzeichnen. Alle reden neuerdings darüber, dass die Kinder zu viel, aber auch das Falsche essen, und es hat sich längst erwiesen, dass der Schulsport nur noch eine untergeordnete Rolle spielt. Dabei belegen wissenschaftliche Untersuchungen deutlich: Kinder, die viel Junkfood essen, werden dick, sind unsportlich und in der Schule unkonzentriert, ganz zu schweigen davon, dass sie oftmals wegen ihres Aussehens gehänselt werden. Aus diesem Grund möchte ich in diesem Buch gemeinsam mit einem Mediziner und Adipositasexperten zeigen, welche besondere Bedeutung gesundes Essen für die Entwicklung unserer Kinder hat. Wir müssen Fast-Food-Hersteller oder bestimmte Industrieprodukte sehr viel kritischer sehen, als wir das bisher getan haben, denn die Nährstoffe, die in solchen Produkten sind, reichen nicht nur bei Weitem nicht aus – sie schädigen sogar die Organe.

Da ich mich als Sportler intensiv mit Fragen der Ernährung beschäftigen musste, weiß ich, wie stark sportlicher Erfolg von einer ausgeglichenen Ernährung abhängen kann. Und natürlich kann ich auch etwas zum Sport sagen und darüber, wie entscheidend es ist, nicht nur selbst fit zu bleiben, sondern mit den Kindern Sport zu treiben, Basketball oder Fußball zu spielen oder Fahrrad zu fahren – das kostet nur Zeit, sonst nichts. Wenn ich mit meinen Söhnen spiele und mit deren Freunden, dann sehe ich, wie wichtig es ihnen ist, dass ich mitmache, sie ernst nehme, sie lobe oder kritisiere. Ich habe für dieses Buch mit einem Sportwissenschaftler zusammengearbeitet und einen »Becker-Test« für 4- bis 5-, 6- bis 11- und 12- bis 15-Jährige sowie Jugendliche ab 16 Jahren entwickelt, der zeigen soll, welche Beweglichkeit, Muskelkraft, Koordinations- und Reaktionsfähigkeit die Kinder in diesen Altersstufen haben sollten. Diese Tests und viele weitere Übungen habe ich gemeinsam mit meinen Kindern und deren Freunden für das Buch ausprobiert. Leider konnte Anna nicht mitmachen. Wir hätten sie gerne dabei gehabt, zumal wir alle sowieso gerade in London waren, aber ihre Mutter wollte es nicht ermöglichen.

Außer über Sport und Ernährung sollten Eltern Kenntnis darüber haben, was ihre Kinder bewegt, was ihnen Sorgen bereitet und was sie seelisch stärkt. Viele Mütter und Väter wissen zu wenig darüber, womit sich der eigene Nachwuchs in der Freizeit beschäftigt oder wie auf bestimmte Schwierigkeiten zu reagieren ist, zum Beispiel wenn Eltern sich trennen. Daher war es ein Glück, in der Arbeit an diesem Buch mit verschiedenen Experten sprechen zu können, die sich intensiv mit Familienforschung, Bewegung, Ernährung und Medienpädagogik befasst haben. Auf meinen Wunsch hin hat mich auch Elisabeth Sandmann bei der Arbeit an meinen Texten immer wieder unterstützt. Dafür möchte ich ihr danken.

All das, worüber ich jetzt nachdenke und auch in diesem Buch schreibe, war mir mit 30 Jahren noch nicht klar, und auch nicht mit 35. Und weil das Älterwerden offensichtlich Vorzüge hat – man wird klarer im Kopf und hat genauere Vorstellungen davon, was man will –, freue ich mich auf die nächsten 40 Jahre – zusammen mit meinen Kindern und vielleicht auch Enkelkindern. Die nächsten 40 Jahre müssen nicht genauso spannend wie die ersten vier Jahrzehnte sein, aber wenn's geht, genauso gut.

High Five für Noah nach einer versenkten Kugel. Begeistert schauen Anna und Elias zu. Mallorca 2006.

DETROIT
DESTROYERS
82
Extreme

Die Seele eines Sportlers

» Es geht bei einem echten Spieler immer um das Spiel selbst und nicht um die Frage, welchem Zweck dient das Spiel noch. Warum ich letztlich bestimmte Wettkämpfe verloren habe, die ich eigentlich hätte gewinnen müssen, hängt vielleicht mit der Freiheit der Selbstbestimmung zusammen, die mir immer wichtig war. Ich wollte weder unfehlbar noch fremdbestimmt sein. «

Die Sprache der anderen

Als ich mit 16 Jahren von zu Hause wegging, war ich wie eine zu früh geerntete Frucht – noch lange nicht ausgereift. Ich hatte oft großes Heimweh, wenn ich allein in diesem Appartement in Monaco saß. Da war plötzlich niemand mehr, der mich in den Arm nehmen konnte, mich verwöhnen wollte oder einfach nur zuhörte. Es drehte sich alles um den Sport. Jeden Tag Tennis. Jeden Tag Disziplin. Jeden Tag Kritik, nicht jeden Tag Lob. Meine Eltern und meine Schwester waren weit weg. Ich war zu jung, um zu begreifen, worum es in diesem Leben ging – ich hatte so gut wie keine Lebenserfahrung. Ich musste nahezu unbekannten Menschen vertrauen, weil ich selbst bestimmte Dinge nicht hätte kontrollieren können. Meine ganze Konzentration sollte nur noch dem Sport gehören. Ich wurde herausgerissen aus meiner normalen, kleinen Welt – und fand mich in einer großen Welt wieder, die mir fremd war. Meinen Eltern ging es nie ums Geld, und mir sowieso nicht. Mein Vater verdiente mit seinem Architekturbüro gut, und für die Beckers bestand keine Notwendigkeit, sich gesellschaftlich zu verbessern. Meine Eltern waren so, wie sie lebten, völlig zufrieden.

Ich wiederum war ein Spieler, ein Sportler, ein Einzelkämpfer. Ich wollte gewinnen. Und weil ich so früh gewonnen habe, schaute die Welt auf mich. Und sie hat nicht mehr aufgehört zu beobachten, was ich tue. Sie kommentiert mein Leben. Ich komme mir manchmal fast vor wie ein gläserner Mensch, aber eben zum Glück nur fast.

In den letzten 25 Jahren bin ich unter den Augen der Öffentlichkeit erwachsen geworden; die positiven wie negativen Erfahrungen, die ich gemacht habe, verdanke ich auch und vor allem meiner Popularität. Doch durch dieses ständige Beobachtetwerden war es oft schwer, zu einer tieferen Wahrheit zu gelangen, zum Kern der Dinge. Das lag daran, dass sich zwischen meiner Art des Fühlens und den Interessen der anderen eine Riesenkluft auftat. Mich hat es glücklich gemacht, wenn ich gewonnen hatte, aber den Managern, den Beratern, den Trainern, den Sponsoren ging es um etwas anderes, und das hatte immer mit Geld zu tun. Ich stand als erfolgreicher Sportler unter Dauerbeobachtung und war auf Sieg programmiert – da gab es wenig kontemplative Pausen. Da mussten Voraussetzungen erfüllt werden, nach den Vorgaben anderer. Mein Manager besorgte mir Werbeverträge in Millionenhöhe, mein Trainer bekam einen Bonus – abhängig von meinem Erfolg. All diese mich »beratenden« Menschen meinten, es müsse mir gut gehen, wenn sie mir einen neuen Werbevertrag unter die Nase hielten. Das war wie eine Fremdsprache für mich. Meine Welt war die Sportwelt, und die war insofern berechnend, als man gewinnen und verlieren konnte. Der Gewinner wurde mit einem hohen Preisgeld belohnt, aber das war – jedenfalls für mich – nie entscheidend oder ein Anreiz, und 1985, in Wimbledon, vergaß ich auch glatt, meinen Scheck abzuholen.

Ich glaube, der Grund, warum so viele junge Spieler Angst vor der eigenen Courage bekommen, liegt in der Höhe des Preisgelds, das sich im Falle eines Siegs schlicht verdoppelt. Wenn das Geld wichtiger wird als das Spiel, hat man verloren, auch wenn man im letzten Satz mit 6:4 als Sieger vom Platz geht. Roger Federer ist für mich ein Beispiel dafür, dass man auf Dauer nur so gut sein kann wie er, wenn man ein leidenschaftlicher Spieler ist. Er ist einer, dem es ausschließlich ums Spiel geht, und nur darum ist er in der Lage, zu einer neuen Tennislegende zu werden.

Emotional auf einer anderen Bewusstseinsebene

Manchmal bin ich gleich nach einem Spiel, das immer auch ein Kampf gegen mich selbst war, mit irgendwelchen Fragen oder Entscheidungen konfrontiert worden, die für die anderen wichtig waren, aber in diesem Moment nicht für mich. Nach einem Match ist man als Spieler emotional auf einer anderen Bewusstseinsebene. Man tritt ungeschützt den Menschen gegenüber. Wenn ich vom Platz kam, war ich nur Gefühl und nicht Kalkül. Beim Sport geht es um Fair Play, bei den damit verbundenen Geschäften nicht immer.

Eine ähnliche Erfahrung einer anderen Bewusstseinsebene machte ich, als ich einmal im Münchner Olympiastadion ein Konzert mit den drei Tenören besuchte. Da war eine Wahnsinnsstimmung, und die Musiker mussten viele Zugaben geben. Ich war danach mit ihnen zusammen zu einem Essen eingeladen, und auf dem Weg dorthin sind wir, Pavarotti, Carreras, Domingo und ich, im Aufzug stecken geblieben. 20 lange Minuten. Nach ein paar Minuten kommt normalerweise schon Panik auf, aber Pavarotti hat dann ganz leise, wahrscheinlich, um sich zu beruhigen, das »Ave Maria« gesummt. Wenn Pavarotti summte, war das nicht das zarte Geräusch einer Biene, sondern eher das eines Brummers. Wir hatten alle Tränen in den Augen. Ich war mit diesen Sängern so nah zusammen, dass ich spürte, wie erfüllt und emotional offen sie nach diesem Konzert waren. Sie hatten während ihres Auftritts die Sympathie und Begeisterung ihres Publikums inhaliert, und nun steckten sie in diesem Aufzug fest mit ihren Emotionen. Nach dieser Begegnung ist mir klar geworden, dass wir etwas gemeinsam haben – wir Sportler und Sänger. Diese völlige Hingabe bis zur physischen und auch psychischen Erschöpfung.

Nur mit dem Unterschied, dass bei diesen großartigen Interpreten im Anschluss an ein Konzert kein Mensch auf die Idee kommen würde, diese nach ihren Verträgen zu fragen. Bei Künstlern geht man selbstverständlich davon aus, dass sie eine Ruhepause brauchen, um zwischen der Welt der Musik und der realen Welt jenseits der Bühne eine Brücke bauen zu können. Bei Sportlern ist das nicht so. Die müssen gleich nach einem Spiel kluge Sätze sagen, und die auch noch perfekt formuliert. Zum Glück hat man das jetzt bei manchen Tennisturnieren geändert, dass Spieler gleich nach einem Match befragt werden können. Da haben sie erst einmal eine Pause, bevor sich die Journalisten auf sie stürzen dürfen. Sportler dürfen sich nicht verletzbar oder fassungslos zeigen, obwohl sie das vielleicht gerade in den Augenblicken nach einem Sieg oder einem verlorenen Spiel sind. Manche allerdings, wie Novak Djoković etwa, können ohne Ende reden und gleich den Clown spielen, andere wiederum, wie Federer, sind so erschöpft, dass sie erst mal kaum einen Ton herausbringen. Ich wusste so oft, und nur ich, wie knapp ein Sieg gewesen war, und welche unendliche Kraft mich dieser kleine Moment der Stärke gekostet hatte, durch den es mir gelungen war, das Ruder herumzureißen. Selbst wenn du 5:3 im 5. Satz führst und einen Matchball hast, kannst du immer noch verlieren. Wenn ich in der Umkleidekabine saß, habe ich oft noch lange darüber nachgedacht, wie eng das war. Der Schiedsrichter hätte nur einmal zu meinen Ungunsten entscheiden oder ich den Aufschlag knapp ins Aus schlagen müssen. Ich wusste, dass ich mir vor fünf Minuten noch fast in die Hosen gemacht hatte. Aus diesem Grund war es mir nicht möglich, mich gleich nach einem Sieg euphorisch zu zeigen. Die wenigsten aber, die nach einem Spiel Fragen stellen und kluge Analysen abgeben, haben sich schon mal selbst bis zur Erschöpfung körperlich verausgabt oder haben eine Ahnung davon, wie es ist, wenn die Kraft nur aus dir selbst kommen kann und muss, obwohl du schon keine mehr zu haben glaubst. Sie wissen nichts von dieser Einsamkeit über Stunden hinweg, in der es nur um deinen Durchhaltewillen geht und darum, das Gegenüber zu besiegen.

Selbstbestimmt sein

Es gibt ein Buch des britischen Schriftstellers Alan Sillitoe, das ich einmal gelesen habe und das »Die Einsamkeit des Langstreckenläufers« heißt. Darin geht es um einen Jungen, Colin Smith, der in einem Erziehungsheim landet. Da er aber so eine ungewöhnliche Ausdauer beim Laufen hat, schlägt ihm der Heimleiter vor, ihn frühzeitig aus diesem zu entlassen, wenn er bei einem Marathonwettkampf gewinnt. Der Sieg des Langstreckenlaufs ist für den Heimleiter eine Frage des Prestiges, seines Prestiges. Der Junge trainiert wie verrückt, aber ihm wird in der Einsamkeit und während sich sein Körper verausgabt klar, dass er nur für sich selbst gewinnen möchte. Er will sich auf keinen Fall benutzen lassen, um die Ziele anderer zu erfüllen. Und so beschließt er, auf den vorgeschlagenen Deal mit dem Heimleiter nicht einzugehen. Er weiß, dass er gewinnen kann, aber er entscheidet sich im letzten Moment dafür, seinen Konkurrenten vorbeizulassen – und zu verlieren. In diesem Jungen zeigt sich für mich die Seele eines Sportlers. Durch das Laufen findet Colin Smith zu sich selbst und zu seiner Identität. Es geht bei einem echten Spieler immer um das Spiel selbst und nicht um die

Frage, welchem Zweck das Spiel noch dient. Warum ich letztlich bestimmte Wettkämpfe verloren habe, die ich eigentlich hätte gewinnen müssen, hängt vielleicht mit der Freiheit der Selbstbestimmung zusammen, die mir immer wichtig war. Ich wollte weder unfehlbar noch fremdbestimmt sein.

Glück hat mit Geld wenig zu tun

Durch die Erziehung meiner Eltern ist es mir lange schwer gefallen, die »Fremdsprache« meiner Berater zu verstehen. Irgendwann habe ich begriffen, um was es ging, aber das hat mich von Werten entfernt, die mir eigentlich wichtig waren. Das, was mich in meinem bisherigen Leben stark gemacht hat, entzieht sich der Arithmetik. Das, was mich glücklich macht, hat mit Geld nichts zu tun. Heute, mit knapp 40, kann ich rational trennen zwischen Boris Becker beruflich und privat. Ich sage, okay Job, aber dann nur Job und nichts anderes, keine Vermischung bitte. Im Beruf geht es ums Geldverdienen, privat um meine persönliche Zufriedenheit und die meiner Familie. Dass ich wieder zum Kern der Dinge, zur inneren Wahrheit und zu den Werten von früher zurückgefunden habe, verdanke ich meinen Kindern und deren Liebe. Kinder sind nie berechnend und bestechlich, du hast ihr Herz gewonnen oder nicht. Und das gewinnst du nur, indem du dich ehrlich und ebenso bedingungslos auf sie einlässt.

Ein langsamer Lauf auf Mallorca stimmt mich auf den Tag ein.

Die Familienordnung

» Und dann war es so weit. Barbara stimmte zu, dass sich Anna und die Söhne in ihrem Haus in Miami treffen konnten und wir nicht in irgendein unpersönliches Hotel mussten. Aus diesem Grund war die Atmosphäre von Anfang an natürlich und familiär – das hat ungemein geholfen, und die Kinder haben überhaupt nicht gefremdelt, sondern sofort miteinander gespielt und gegessen. «

Meine Rolle als Vater

Die Information, dass ich eine Tochter haben würde, kam als Schreiben per Fax, und selbst nachdem der letzte Vaterschaftstest klar belegt hatte, dass Anna meine Tochter ist, hat es noch eine Weile gedauert, bis ich diese Tatsache akzeptieren konnte. Dabei hätte ich mir den Vaterschaftstest schenken können, denke ich heute, denn sie sieht aus wie ich. Erst als sie zwei Jahre alt war, konnte ich mich mit dem Gedanken anfreunden: Ja, ich habe eine Tochter. Dem Ganzen ging ein schmerzhafter Prozess voraus und eine fast brutale Offenheit, die ich bezogen auf mich selbst zulassen musste. Ich stellte mir Fragen wie: Ich kenne sie nicht, ich hab sie noch nie ins Bett gebracht, ich hab sie noch nie geküsst, was tue ich mit ihr? Ich musste mich regelrecht »umerziehen«, um an einen Punkt zu gelangen, an dem es möglich war, zu sagen – und viel entscheidender, es auch so zu empfinden: Ich habe nicht zwei Kinder, sondern drei. Das war der wichtige, sehr emotionale Schritt, den ich gehen musste. Und dass mir dieser gelungen ist, darauf bin ich wirklich stolz. Aber es ging ja nicht nur um mich, sondern genauso um Anna. Wie würde sie auf mich reagieren? Schließlich war ich eine fremde Person. Würde sie mich riechen können oder sich von mir in den Arm nehmen lassen? Ich kannte keinen, der mir hier einen Rat hätte geben können, ich musste alleine herausfinden, was richtig war. Und natürlich war das mit der Mutter meiner Tochter, die ich im Grunde nicht kannte, nicht gerade einfach.

Meine drei Kinder haben bei der ersten Begegnung sofort miteinander gespielt.

Warum erst jetzt?

Aber es ging nicht nur um Anna und mich, sondern auch um meine beiden Söhne, um Noah und Elias. Sie wussten zwar von ihrer Schwester, aber dieses Wissen hat in ihrem Leben keine Rolle gespielt, sie kannten sie ja nicht. Vor zwei Jahren hat sich das verändert, denn ich wollte, dass die beiden ihre Schwester kennenlernen. Das lag mir wie Blei auf der Seele, als ich mich mit meinem Großen hinsetzte und mit ihm darüber reden wollte. Wie würde er reagieren? Sagt er, »Ich hab keinen Bock darauf, sie zu sehen; ich hab keine Zeit«? Und wenn er mich fragt: »Muss das überhaupt sein?«, was mache ich dann? Aber Noah hat das Ganze völlig selbstverständlich aufgenommen. Er sagte nur drei Worte: »Warum erst jetzt?« Mir fiel ein schwerer Stein vom Herzen. Seit diesem Moment wurde eine ungeheure Energie in mir frei – jetzt konnte ich die Kinder zusammenbringen. Der Große freute sich auf diese Begegnung, und dadurch auch der kleine Bruder.

Und dann war es so weit. Barbara stimmte zu, dass sich die Kinder in ihrem Haus in Miami treffen konnten und wir nicht in irgendein unpersönliches Hotel mussten. Aus diesem Grund war die Atmosphäre von Anfang an natürlich und familiär – das hat sehr geholfen, und die Kinder haben überhaupt nicht gefremdelt, sondern sofort miteinander gespielt und gegessen. Anna war von Anfang an von allen willkommen, sie war sofort Teil der Familie. Aber dann gab es gleich am ersten Abend eine unglaubliche Situation. Alle Kinder waren am Kühlschrank, aus dem sie irgendetwas herausnehmen wollten, und zwar alle gleichzeitig. Sie hatten ein bisschen gestritten, und plötzlich rief Anna mich: »Daddy, Daddy, please come«, worauf Elias verdutzt meinte: »Wie, ›Daddy‹, das ist doch mein Daddy!« Die Kleine konterte dann: »My Daddy.« Noah stand hinter den beiden und reagierte ganz diplomatisch, das vergesse ich nie. Er sagte ganz einfach: »He is our daddy, and he is coming in a minute.« Und damit war alles geklärt – es gab keine Fragen mehr. Das war ein guter Start.

Das letzte Weihnachten mit meinem Vater. Alle drei Generationen sind noch einmal zusammen.

Den Familienzusammenhalt wiederfinden

Dass es möglich sein würde, so etwas wie eine Familienordnung wiederherzustellen, hatte ich mir lange Zeit nicht vorstellen können. Als mein Vater 1999 starb, erlebte ich zum ersten Mal eine große Lebenskrise. Im selben Jahr, am 25. Juni, habe ich mein letztes Tennismatch als Profi gespielt. Was das bedeutet, kann sich nur ein Leistungssportler wirklich vorstellen. An diesem Tag wurde meine Tochter gezeugt, und kurze Zeit darauf mein Sohn Elias geboren. Im Dezember 2000 war die Ehe mit Barbara offiziell geschieden. In dieser Zeit bin ich überdies noch von der Steuerbehörde verfolgt worden, und alles, woran ich bis dahin geglaubt hatte, geriet ins Wanken. Wenn du für ein Land gewinnst – denn ich habe nicht nur für mich gewonnen, sondern auch für die Nation Deutschland –, und dann fordert ein Vertreter dieses Staates wider besseres Wissen drei Jahre und sieben Monate Haft, dann fragst du dich, woran du eigentlich all die Jahre geglaubt hast. Als dann mein Vater auch noch starb, starb damit das Familienoberhaupt – und ich war zu überfordert oder nicht Manns genug, diese Rolle sofort zu übernehmen. Ich musste erst dafür sorgen, dass meine eigenen Kinder wieder ein Fundament bekamen, bevor ich mich um meine Mutter und meine Schwester kümmern konnte. So war ich erst mal auf der Flucht – vor mir selber und vor der Verantwortung. Es hat gedauert, bis sich das Chaos gelegt hat, und dann hat es noch eine Weile gedauert, bis ich es gewagt habe, auch wieder nach mir selbst zu schauen und zu fragen, was ich denn eigentlich will.

Das bin ich mit dem legendären Schläger, den mein Vater später abgesägt hatte.

Meine Mutter

Als vor einiger Zeit der Film »Die Flucht« mit Maria Furtwängler in der Hauptrolle im Fernsehen lief, habe ich ihn mir aus zwei Gründen angesehen: zum einen weil ich Maria kenne und schätze, und zum anderen weil meine Mutter selbst ein Flüchtlingskind ist. Sie gehört zu jenen, die 1946 aus dem Sudetenland vertrieben wurden. Das hat sie geprägt, und die Erfahrungen von damals sind bis heute in ihr lebendig. Aber nicht nur in ihr, meine Mutter hat auch meiner Schwester und mir von diesen Erlebnissen etwas übertragen, sodass wir sicherlich ein anderes Verhältnis zu diesem Teil der Geschichte entwickelten als Kinder aus Familien, von denen nie jemand seine Heimat verlassen musste. Meine Mutter hatte sich den Film ebenfalls angesehen, und wir haben dann darüber gesprochen. Sie war noch ein sehr junges Mädchen, 1935 ist sie geboren, als sich die Familie mit ihren Habseligkeiten auf den Weg machte. Sie meinte, die Situation damals sei so viel schlimmer gewesen als im Film. Man könne sich das gar nicht vorstellen, und sie konnte selbst über 60 Jahre danach kaum darüber sprechen, was damals vor allem den Frauen angetan wurde.

Als sie mit 10 Jahren zusammen mit all den anderen Flüchtlingen in Leimen eintraf, freute sich niemand über den Zustrom aus dem Osten. In der Schule kam meine Mutter dann in eine Klasse, in der sie sich ganz hinten hinsetzen musste, in die Reihe, in der die schlechten Schüler ihren Platz hatten. Das hat sie schwer gewurmt. Im nächsten Jahr aber rückte sie schon weiter nach vorne und saß am Fenster, also dort, wo die guten Schüler platziert wurden. Meine Mutter war fleißig und hatte offenbar schon damals einen ausgeprägten Ehrgeiz. Diesen Duchhaltewillen hat sie bestimmt in Momenten entwickelt, als es ums Überleben ging. Und in diesem Gefühl, durchzuhalten, hat sie mich immer bestärkt, eigentlich mehr noch als mein Vater. Sie hat einmal zu mir gesagt: »Junge, du musst nicht immer gewinnen, du musst nicht immer der Beste sein, aber du darfst auf keinen Fall der Schlechteste sein.«

Meine Schwester Sabine und ich auf dem Markusplatz in Venedig 1975.

Diese Generation, die den Krieg noch erlebte, hat ein anderes Verhältnis zum Überfluss – sie mag ihn nicht. Bei meiner Mutter wurden Essensreste nicht weggeschmissen, und natürlich musste man seinen Teller aufessen – rumgenörgelt hätte man sowieso nie. Und sicherlich hat es auch mit diesen Kriegserfahrungen zu tun, dass meiner Mutter weder Geld noch Prominenz imponiert.

Meine Mutter hat mir bestimmte Werte vermittelt, ebenso wie mein Vater. Diese haben mir später in meinem Leben Halt und Orientierung gegeben. Da hätte ein Orkan kommen können, sie wäre bei ihrem Standpunkt geblieben. Für sie sind die Liebe zu ihren Kindern, Ehrlichkeit, Fleiß, Zuverlässigkeit und Durchhaltevermögen Selbstverständlichkeiten. Für sie war klar, dass ihre Familie mit meinem Vater und uns Kindern an erster Stelle stand. Und daran hat sich bis heute nichts geändert. Wenn ich meine Mutter brauche, ist sie da. Wir haben immer noch engen Kontakt und verbringen möglichst viel gemeinsame Zeit in den Ferien, zusammen mit meinen Kindern. Sie ist dann die Herrin der Küche, und ihre gefüllten Paprikaschoten mit Reis sind einfach die besten auf der Welt. Die habe ich noch nie woanders gegessen. Durch meine Mutter bekommen auch meine Söhne etwas von meiner Welt mit, von der Welt, in der ich aufgewachsen bin. Sie essen dann, was ich schon gegessen habe, und sie hören den Tonfall, mit dem ich aufgewachsen bin. Allerdings dauert es immer zwei, drei Tage, bis sich die Kinder an Omas Küche gewöhnt haben, aber dann essen sie alles auf.

Durch meine Mutter erfahren meine Kinder auch etwas von ihrem Großvater, den Elias nicht mehr kennengelernt hat. Und natürlich hat meine Mutter auch die kleine Anna, die sie 2006 auf Mallorca zum ersten Mal sah, gleich ins Herz geschlossen. Als sie erfuhr, dass sie überraschenderweise eine Enkelin haben würde, sagte sie nur: »Ich dachte, du kannst nur Söhne« und »endlich ein Mädchen«.

Meine Mutter war nicht nur eine gute Hausfrau, sie hat meinen Vater auch im Büro unterstützt, als er sich ganz jung mit seinem Planungsbüro selbststandig machte. Sie hat die Angebote formuliert und geschrieben, und in der ihr eigenen Art lebte sie für die Firma und unterstützte die Arbeit meines Vater, wo immer es ging.

Sie weiß, worum es im Leben geht und was wirklich wichtig ist. Sie hat mich in Momenten, in denen ich die Bodenhaftung zu verlieren drohte (oder vielleicht auch wirklich verloren habe), auf ihre solide Basis zurückgeholt.

Mein Vater

Als Noah meinen Vater einmal schwimmen sah, hat er ihn gefragt, ob er auch »Butterfly« könne. Mein Vater war ein super Schwimmer, der locker vom 10-Meter-Brett sprang. Und natürlich beherrschte er diese Technik des Schmetterling-Schwimmens, bei der man sich mit dem Oberkörper aus dem Wasser herausstemmen muss und mit den Armen von hinten nach vorne Schwung holt. Dafür braucht man Kraft und Können. Noah hat nur noch gestaunt und wollte es sofort lernen. Das hat ihm mächtig Respekt eingeflößt, dass dieser für ihn alte Mann noch so fit war. Mein Vater war ein leidenschaftlicher Sportler. Er konnte nicht nur sehr gut schwimmen, sondern auch Ski laufen. Und als dann der Tennisclub in Leimen gegründet wurde, ist er sofort Mitglied geworden. Weil ihm Sport so viel bedeutete, waren wir immer aktiv. Im Sommer sind wir mit dem Schlauchboot an einen See gefahren, und im Winter ging es in die Berge, um auf unseren Skiern die gefährlichsten Pisten hinunterzurasen. Meine vier Jahre ältere Schwester Sabine war ebenfalls eine verwegene Sportlerin, die die härtesten Abfahrten genommen hat und ohne Bedenken vom 10-Meter-Brett sprang.

Mein Vater war streng und in sportlicher Hinsicht ambitioniert. Ohne ihn wäre ich nicht zum Profitennis gekommen, und mein Leben hätte einen ganz anderen Verlauf genommen. Für meine Mutter hingegen hatte die Schule Priorität, und wenn es nach ihr gegangen wäre, dann hätte ich Abitur gemacht. Sie bedauert es bis heute, dass sie sich damals nicht gegen meinen Vater, die diversen Tennis-Berater und mich durchgesetzt hat und ich schon mit 15 Jahren vom Gymnasium abgegangen bin.

Meine Einschulung 1974. An die Schultüte erinnere ich mich noch genau.

Mein Vater war ein Patriarch, der gerne bestimmte, was gemacht wurde. Disziplin und feste Regeln waren ihm heilig. Wehe, wenn man zum Essen zu spät erschien, fünf Minuten waren noch okay, aber bei 15 Minuten Verspätung gab's nichts mehr. Damals habe ich das nicht verstanden, diese Strenge. Später wurde mein Vater etwas großzügiger und war eher bereit, sich auf mich einzulassen. Er hatte als Architekt seinen Platz in der Leimener Gesellschaft, mit dem Verein da und dem Gemeinderat dort. Er war eine stabile Säule in meinem Leben, unbestechlich und unabhängig. Er hat mit uns Kindern sehr viel unternommen, und heute weiß ich, dass das nicht selbstverständlich war. Aber mit allem, was unangenehm werden konnte, bin ich doch lieber zu meiner Mutter gegangen. Meine Mutter würde jedenfalls sagen, wir waren eine typisch deutsche Normalfamilie mit berufstätigem Vater, mit der Mutter als Hausfrau und zwei Kindern.

Werte haben und vorleben

» Wenn man Kinder hat, muss man eine bestimmte Haltung haben und zu dieser stehen, auch dann, wenn es den Kindern gegenüber unbequem ist. Erziehen ist immer unbequem, Nachgeben einfacher, zumindest für den Moment. «

Werte kann man nur vorleben

Über die Großeltern lässt sich die Verbindung zu den Vorfahren herstellen. Wenn man eine Großmutter oder einen Großvater hat, die wiederum ihre Großeltern noch erlebt haben, kann man weit ins 19. Jahrhundert zurückblicken. Die Familie meiner Mutter kommt aus Ostrau, einer Stadt an der Oder, die heute Ostrava heißt und zu Tschechien gehört. Meine Urgroßmutter ist noch in der k. u. k. Monarchie groß geworden, denn damals gehörte dieser Teil von Mährisch-Schlesien zum Habsburger Reich.

Mein Opa Franz, Sabine und ich feiern Oma Thereses Geburtstag in Leimen.

Dieser Hintergrund interessiert mich, ich will wissen, aus welcher Familie ich stamme und was meine Vorfahren gemacht haben. Ich habe immer wieder nach Gesprächen mit alten Menschen gedacht: »Warum schreibt das keiner auf?« Es ist so wichtig, dass die »Alten« den Jüngeren und den ganz Jungen etwas von ihrem Leben, ihrer Zeit und ihren Erfahrungen erzählen. Auch das ist für mich ein Wert, dass wir den alten Menschen in dieser Gesellschaft ebenso einen sicheren Platz geben wie den Kindern.

Vielleicht wäre »Haltung« ein besseres Wort als »Werte«. Wenn man Kinder hat, muss man eine bestimmte Haltung haben und zu dieser stehen, auch dann, wenn es den Kindern gegenüber unbequem ist. Erziehen ist immer unbequem, Nachgeben einfacher, zumindest für den Moment. Die Kinder wollen wissen, was uns wichtig ist. Wir müssen ihnen also beibringen, dass es nicht egal ist, ob man ehrlich, hilfsbereit oder zuverlässig ist oder nicht. Und wir müssen darauf reagieren, wenn sie nicht wenigstens versuchen, es zu sein. Ich versuche meinen Söhnen anhand von Beispielen zu erklären, warum etwas wichtig ist. Wenn ich sage, dass sie es auch blöd finden würden, wenn ich ihnen versprochen hätte, zu einer ihnen wichtigen Verabredung da zu sein, zum Beispiel zu einem Basketballspiel, und dann im letzten Moment absagen würde, verstehen sie sofort, was ich mit gebrochenen Versprechen meine. Wenn sie mir etwas erzählen, das ich nicht in Ordnung finde, reagiere ich darauf und äußere das. Und natürlich ist es auch wichtig, eigene Fehler zuzugeben und darüber mit den Kindern zu sprechen.

Werte haben nichts mit Geld zu tun, man kann sie nicht kaufen, man kann sie nur leben und vorleben. Ich habe selbst sehr oft erfahren, wie es ist, wenn plötzlich eine angebliche Sensation über mich berichtet wurde, die gar nicht stimmte. In solchen Momenten lernt man Menschen kennen und jene schätzen, die hinterfragen, was Dritte über einen erzählen, und dann sogar öffentlich für einen Partei ergreifen. Günter Netzer und Hans-Dieter Cleven waren zum Beispiel solche Freunde, die sich immer wieder und auch öffentlich für mich eingesetzt haben. Ich möchte meinen Kindern etwas davon vermitteln, was Freundschaft ist, und – wenn es möglich ist – woran man ehrliche Freunde erkennt. Vor Enttäuschungen bewahren kann ich sie natürlich nicht, aber als Eltern kann man zumindest ihre Sinne schärfen.

Neue Werte – schneller, weiter, reicher

Seit Mitte der Neunzigerjahre beobachte ich, dass sich mit der New Economy und dem damaligen Boom an der Börse die Prioritäten für einen Teil der Gesellschaft komplett verschoben haben. Plötzlich wurde nicht mehr in Millionen gedacht, sondern in Milliarden. Das Motto war: schneller, weiter und viel reicher. Deutschland war im Börsenfieber. Unterstützt wurde der ganze Wahnsinn von der Euphorie in den Medien, die unentwegt über die neuen Sieger berichteten, die zu einem bestimmten Kurs gekauft und innerhalb eines Jahres für das Hundertfache verkauft hatten. Wer damals keine Aktien hatte, musste sich fast komisch vorkommen. Klar, es gab schon immer Reiche, auch vor der New Economy, aber so viele Millionäre, die in so wenigen Jahren mit Spekulationen ihr Vermögen gemacht hatten, existierten noch nie. Vor allem aber verfestigte sich bei einigen, insbesondere bei der jüngeren Generation, der Eindruck, man müsse für sein Geld gar nicht mehr so hart und lange arbeiten wie noch die Eltern oder Großeltern. Vielleicht hat sich damals etwas im Hinblick auf Familie und Kinder geändert, und diese Änderung in der Haltung spiegelte sich in der Werbung und in den Medien wider, die auf gut verdienende Singles ausgerichtet war. Ich bin kein Soziologe, jedoch weiß ich, dass damals ein bestimmter Typ Mensch begonnen hat, andere Prioritäten zu setzen.

Aufgrund meiner Erziehung war es nicht entscheidend, irgendwann einmal die erste Million zu verdienen. Und zu Hause wäre das auch nicht positiv bewertet worden, nach dem Motto »Jetzt hast du es geschafft«. Meine Eltern hatten das Ziel, dass meine Schwester und ich Erfüllung im Beruf finden würden und dass ich später eine Familie ernähren kann. Als es das Schicksal dann anders wollte und ich meine erste Million früher verdient hatte, als sich das je einer hat vorstellen können, änderte das an der Grundhaltung meiner Eltern nichts.

Hier frühstücken meine Eltern, Sabine und ich ausgiebig in unserem gemieteten Haus in Wimbledon 1988. An diesem Sonntag musste ich nicht spielen.

Die neue Spaßgesellschaft der Neunzigerjahre, so schien es jedenfalls, hatte aber keine Lust auf Kindergeschrei und Verpflichtungen. Dies trifft sicher vor allem auf die Männer zu, die befürchteten, dass Frau und Kind ihnen möglicherweise den unbeschwerten Egotrip nehmen würden, und sie ahnten, was ihnen blühen könnte, wenn sie sich wieder scheiden ließen. Aber auch die Frauen entdeckten damals stärker ihre Unabhängigkeit, beruflich wie privat.

Der Börsencrash Anfang des 21. Jahrhunderts, bei dem einige Jung-Millionäre ihr Geld wieder abgeben mussten und viele Kleinanleger ihr Geld verloren, führte dann zwar zu einer breiten Ernüchterung, aber nicht zu einer Rückbesinnung auf frühere Werte. Zu dieser Ernüchterung trugen auch die Wirtschaftskrise und Arbeitslosigkeit in Deutschland bei. Und im Osten Deutschlands wusste man nach der Wiedervereinigung in vielen Regionen ja gar nicht, wie es weitergehen sollte. Die hatten zwar eine Kinderbetreuung, aber keine Jobs. Und spätestens seit dem 11. September, den ich als »wake-up call« bezeichne, also als Weckruf, war allen klar, dass unser schönes Leben nicht nur von den Faktoren des Markts abhängig ist, sondern von einer friedlichen Welt, die plötzlich so zerbrechlich schien. Einen Tag zuvor, am 10. September 2001, die US-Open waren gerade zu Ende, bummelte ich noch mit Barbara und den Kindern in Manhattan auf einem Flohmarkt in der Nähe der Wall Street herum und nahm am Abend die letzte Maschine von New York zurück nach München. Dort hatte ich dann am nächsten Tag um 15 Uhr Training. Als ich ankam, saßen schon alle um den Fernseher in der Gaststätte des Clubhauses, wo ich die unvergesslichen Bilder sah. Ich habe sofort versucht, Barbara anzurufen, die von New York nach Miami geflogen war, aber natürlich gab es kein Durchkommen – sämtliche Leitungen waren dicht. Ich glaube, jeder weiß heute noch, was er an diesem Tag gemacht hat und dass sich damals etwas Grundlegendes verändert hat.

Wir alle waren einmal Kinder

Auf meinen vielen Reisen habe ich beobachtet, wie Erwachsene mit Kindern umgehen. Oft erlebe ich, dass sie in anderen Ländern gelassener sind und den Jungs und Mädchen gegenüber offener. Man freut sich, wenn man Kinder sieht, sie werden nicht als Last empfunden, sondern als Glück. Man redet auch sofort über die Kinder. Und man kann sie bei anderen Familien leichter abgeben. Auch weiß man, sie haben es dort gut, weil es jemanden gibt, der sich gerne um sie kümmert.

Meine Eltern, meine Schwester und ich bekamen 1986 auf meinen Wunsch eine Papstaudienz in Rom.

Wenn man hingegen in Deutschland lebt, etwa in der Stadt, ist nicht nur die Stimmung eine andere, wenn es um Kinder geht. Auf der Straße spielen kann man längst nicht mehr. Ich sehe, wenn ich durch München fahre, wie Kinder auf ihren Rollern oder Fahrrädern auf dem viel zu engen Bürgersteig herumkurven, während die Autos an ihnen vorbeirasen. Haarscharf kommt mir das dann vor, wie sie so an allen Hindernissen vorbeijonglieren. Wo ist der nächste Bolzplatz, der nächste gute Spielplatz, die lange Strecke zum Radfahren? Wenn ich daran denke, wie ich die sieben Kilometer von Leimen nach Heidelberg mit dem Fahrrad auf der Bundesstraße gefahren bin, dann war das Freiheit pur. Und Angst hatte auch niemand.

Im Restaurant wird man bei uns unruhig, wenn ein Kind quengelt, nur in wenigen Lokalen gibt es Stifte oder Papier zum Malen, so wie das in England heute fast üblich ist – wobei es natürlich auch bei uns in Deutschland die berühmten Ausnahmen gibt. Kinder funktionieren nicht nach der Agenda der Erwachsenen, sie folgen keinem Tages- oder Wochenplan. Sie sind spontan und unberechenbar, und das stört in dieser so unfassbar effizienten und auf Funktionieren angelegten Welt eben doch erstaunlich viele Menschen.

Mir ist aufgefallen, dass immer mehr Erwachsene vergessen haben, dass sie selbst einmal klein waren. Viele haben keine Ahnung mehr davon, was man in welchem Alter gerne macht und was man schon kann. Wir haben alle weniger Zeit, die Ansprüche im Job und im Privatleben sind gestiegen, aber den Zeitdruck dürfen Eltern den Kindern nicht weitergeben, er sollte nur in begrenztem Maße als solcher von den Kindern empfunden werden. Denn jedes Kind ist anders und braucht sein individuelles Programm, das beobachte ich auch bei meinen eigenen.

Wenn ich Kinder sehe, freue ich mich. Es interessiert mich, was sie denken und was sie gerne machen. Ich finde es schön, wenn sie vor Freude glucksen, lachen und kichern. Sie sind so unverstellt und geradeheraus, und man ist aus ihrer Sicht ein Mensch wie jeder andere. Ich bin da nicht Boris Becker, der einstige Wimbledon-Sieger, sondern nur ein Erwachsener, der danach beurteilt wird, wie er sich ihnen gegenüber verhält. Jugendliche freuen sich wiederum, wenn man sie direkt anspricht und sich für ihre Belange interessiert. Unlängst habe ich einen 16-Jährigen kennengelernt und ihn vor den Eltern gefragt, was er mal werden will und wie er es mit Alkohol hält. Der war zuerst überrascht und ein bisschen verunsichert, aber er hat sich gefreut, dass ich mich für das interessiert habe, von dem ich dachte, dass es ihn beschäftigt.

Welche Werte sind uns noch wichtig?

> Das wissenschaftliche Kompetenzteam: Fragen von Boris Becker an Prof. Dr. Wassilios Fthenakis

Wassilios E. Fthenakis ist Professor für Entwicklungspsychologie und Anthropologie an der Freien Universität Bozen. Er hat über 30 Jahre in München das Staatsinstitut für Frühpädagogik geleitet. Der 1937 in Griechenland geborene Wissenschaftler lebt seit 1963 in München und ist einer der führenden Experten für Kindheits- und Familienforschung. Er hat Studien zur Familienentwicklung, zur Rolle der Väter und zu Scheidungsfamilien durchgeführt. In seiner psychologischen Praxis in München berät er Paare und Eltern.

> Boris Becker:

In meinem Leben als Sportler hat mir immer die Disziplin geholfen, die ich in meiner Familie gelernt habe. Heute scheint das keine besondere Rolle mehr in den Familien zu spielen. Wie wichtig sind Ordnung und Disziplin in der Familie?

> Prof. Fthenakis:

Ordnung im herkömmlichen Sinne hat sich überholt. Für Kinder hat z. B. das Ordnunghalten in persönlichen Dingen, im Zimmer oder in der Schule einen ganz anderen Stellenwert als für Erwachsene. Meistens wird heutzutage zwischen Eltern und Kindern lange diskutiert, wer aufräumt und wann. Diese Diskussionen sind nicht selten konfliktreich. Das gilt auch für Rituale, also das, was den Alltag markiert, gemeinsames Frühstück etwa. Erwachsene müssen akzeptieren, dass Kinder eigene Persönlichkeiten sind.

> Boris Becker:

Streit in der Familie lässt sich nicht immer verhindern, obwohl ich das meinen Kindern gerne ersparen würde. Aber leider lässt sich einfach nicht alles verhandeln. Sollen Kinder miterleben, wenn Eltern untereinander anderer Meinung sind und sich streiten?

> Prof. Fthenakis:

Konflikte sind in jeder Familie und Partnerschaft unvermeidlich. Wichtig ist, dass von Eltern auch Ansätze zur Lösung von Konflikten vermittelt werden. Sie sollten in der Auseinandersetzung ehrlich bleiben und den anderen in seiner Persönlichkeit respektieren. Ein Elternteil muss z. B. auch vor seinem Kind zugeben können, sich geirrt oder einen Fehler gemacht zu haben. Wichtig für Kinder ist, dass sie früh lernen, welche Strategien es zur Bewältigung von Konflikten gibt.

> Boris Becker:

Fleiß und Ehrgeiz, das waren die Werte, mit denen meine Mutter ihr Flüchtlingsschicksal und den Neuanfang in der Bundesrepublik gemeistert hat. Diesen Willen, durchzuhalten, habe ich von ihr gelernt und ihn würde ich auch gerne an meine Kinder weitergeben. Aber in deren Welt scheinen diese Werte verstaubt und altmodisch. Kann man Werte überhaupt an die nächste Generation vermitteln? Wird es nicht immer wieder zu dem viel zitierten Generationenkonflikt kommen?

> Prof. Fthenakis:

Der Generationenkonflikt ist wichtig, denn die Werte unserer Großeltern haben uns genau so wenig geholfen, wie wir unseren Kindern helfen können, die sozialen und kulturellen Herausforderungen der Zukunft zu meistern. Kinder lernen früh, dass ein Bewältigungsmodell erfolgreich funktionieren kann, sie müssen jedoch ihr eigenes Modell entwickeln. Hinzu kommt der riesige Transformationsprozess von der Industriegesellschaft zur Wissensgesellschaft, der unsere Kinder vor ganz neue Probleme stellt, als sie beispielsweise noch unsere Eltern hatten. Eltern sollten sich überhaupt nicht darauf fixieren, ihren Kindern bestimmte Muster anzutrainieren – sie sollten ihnen stattdessen etwas Positives vorleben. Die Kinder nehmen vieles davon an und integrieren diese Erfahrungen – individuell abgewandelt – in ihr eigenes Leben.

»Der Generationenkonflikt ist wichtig, damit Kinder lernen, ihre eigenen Werte-Modelle zu entwickeln.«

> Boris Becker:

Markenklamotten wollen alle Kinder haben, egal ob ihre Eltern arm oder reich sind. Wenn sie aber Geld haben, dann steigen die Ansprüche leicht ins Unermessliche, und es ist wesentlich schwerer, den Kids beizubringen, was wirklich wichtig ist im Leben. Denn hinter dem ganzen Protz ist oft gar nichts mehr, dann bleibt nur noch Leere. Wie kann man seinen Kindern denn beibringen, dass Konsum nicht wirklich wichtig ist im Leben?

> Prof. Fthenakis:

Am besten, indem man ihnen dies genau so vorlebt. Und durch viele Gespräche zwischen Ihnen und Ihren Kindern, in denen die Botschaften der Werbung entschlüsselt werden. Eltern sollten sich aber auf jeden Fall bewusst sein, dass in der Gesellschaft viele heimliche »Miterzieher«, also die Medien, versuchen, ihre Kinder zu beeinflussen. Eine Studie mit 9- bis 14-Jährigen hat kürzlich aber ergeben, dass bei Jugendlichen Werte durchaus noch eine Rolle spielen. Auf einer Präferenzliste haben sie die Eigenschaften Hilfsbereitschaft, Freundschaft, eine eigene Meinung und Spaß haben angegeben, während Markenkleidung tragen, Toleranz, sich anpassen können und fleißig sein bei den Jugendlichen an Bedeutung verloren haben.

> Boris Becker:

Wenn man prominent ist, umgibt einen ein Riesentross von Menschen, die alle behaupten, deine Freunde zu sein. Es hat eine Weile gedauert, bis ich die Spreu vom Weizen trennen konnte, und das wünsche ich auch meinen Kindern, damit sie nicht enttäuscht werden. Wie bringe ich meinen Kindern bei, was Freundschaft ist?

> Prof. Fthenakis:

Manche Kinder sind kontaktfreudig, die machen das von ganz alleine. Andere wiederum brauchen die Hilfe der Eltern, z.B. den Rahmen eines Festes, eines Ausflugs oder anderer Unternehmungen, weil sie scheu und introvertiert sind. Und auch hier gilt: Eltern können ihren Kindern am Beispiel ihrer eigenen Freundschaften zeigen, wie wichtig ein soziales Netz ist und welche Unterstützung es sein kann.

»Eltern können ihren Kindern am Beispiel ihrer eigenen Freundschaften zeigen, wie wichtig ein soziales Netz ist.«

> Boris Becker:

Die folgende Frage ist vielleicht etwas seltsam für einen ehemaligen Leistungssportler – aber ich sehe immer häufiger, dass Kinder unter dem wachsenden Leistungsdruck in der Gesellschaft leiden. Das macht mich nachdenklich. Was bedeutet Leistung heute überhaupt, wenn sie nicht dazu dient, dass die Kinder sich entfalten können? Sollte ich meine Kinder vor Leistungsansprüchen z.B. in der Schule schützen oder verhindere ich dann, dass sie sich in der Leistungsgesellschaft zurechtfinden?

> Prof. Fthenakis:

Kinder wollen herausgefordert werden – wichtig ist das richtige Maß und das kann individuell sehr unterschiedlich sein. Bildungssysteme, die diese Unterschiede nicht respektieren, können zu keinem Erfolg führen. Kinder dürfen einerseits nicht überfordert, andererseits nicht überbehütet werden.

> Boris Becker:

Manchmal frage ich mich, ob es richtig war, mein eigenes Glück zu suchen und mich scheiden zu lassen, oder ob ich nicht um der Kinder willen hätte »durchhalten« müssen. Werden Kinder durch eine Scheidung emotional geschädigt?

> Prof. Fthenakis:

Über drei Viertel der Scheidungskinder überstehen diese Krise aus eigener Kraft, ohne die Hilfe eines Psychologen. Scheidungen können Kindern sogar mehr Kompetenz vermitteln, Kinder lernen, Krisen zu meistern.

»Über drei Viertel der Scheidungskinder bestehen diese Krise aus eigener Kraft, also ohne die Hilfe eines Psychologen.«

Entscheidend ist dabei aber, dass die Rahmenbedingungen einer Scheidung möglichst kindgerecht gestaltet werden.

Alltag, Liebe, Erziehung

» Zusammen auf dem Weg von der Schule oder unterwegs zum Spielplatz – was allein in dieser Zeit an Zwischentönen in der Gestik, in Blicken mitschwingt, kann kein Telefonat, keine Kommunikation übers Internet aufwiegen. Das ist unser gemeinsam erlebtes Leben, das ich mindestens einmal im Monat für acht Tage mit meinen Söhnen habe. «

Zusammen Zähne putzen und in die Schule fahren

Diese Rituale liebe ich: Abendessen, Zähneputzen, Vorlesen, zum Schlafen einkuscheln, am nächsten Morgen die Kinder aus dem Bett schlürfen sehen, zusammen frühstücken, in die Schule fahren, sie wieder abholen, miteinander spielen, toben, reden, ernst sein, lachen. Ich erlebe meine Kinder nicht jeden Tag, so wie viele – vor allem geschiedene – Väter ihre Kinder nicht jeden Tag sehen. Das ist für mich auch ein Schmerz, zumal ich sehr an die Bedeutung eines gemeinsam gelebten Lebens glaube. Zusammen auf dem Weg von der Schule oder unterwegs zum Spielplatz – was allein in dieser Zeit an Zwischentönen in der Gestik, in Blicken mitschwingt, kann kein Telefonat, keine Kommunikation übers Internet aufwiegen. Das ist unser gemeinsam gelebtes Leben, das ich mindestens einmal im Monat für acht Tage mit meinen Söhnen habe. Wir wohnen ja alle vier (meine drei Kinder und ich) voneinander getrennt, und da ist es zudem wichtig, dass wir mindestens zweimal im Jahr, im Sommer und im Winter, lange auftanken und genügend Zeit miteinander verbringen, um uns wieder als Familie zu fühlen, um die Nähe wiederherzustellen und das Vertrauen.

Elias ist der Erste, der auf den Baum will.

Ich habe eine starke emotionale Nähe zu meinen Kindern, die ist immer da, auch wenn wir uns längere Zeit nicht sehen. Es gibt Menschen, die haben diese Nähe nicht, obwohl sie mit ihren Kindern jeden Tag zusammen sind. Ich aber spüre diese Nähe und brauche darum die Gegenwart meiner Kinder und den Alltag mit ihnen. Ich möchte meinen Kindern zum Geburtstag und zu Weihnachten keine großen Geschenke machen, mein Geschenk ist die Zeit, die wir miteinander verbringen. Einen gemeinsamen Alltag aber haben wir trotzdem zu wenig, der ist Mangelware, und das würde ich am liebsten ändern. Das ist auch einer meiner Vorsätze für die Zukunft. Und zwar möchte ich nicht qualitativ mehr Zeit – nach dem Motto, ich bin zwar weniger, aber dafür »näher« da, nein, ich möchte mehr

Alltagszeit mit meinen Kindern verbringen. Und diese möchte ich möglichst alleine mit ihnen erleben und genießen – ohne die Mütter. Ich würde auch Anna gerne mehr sehen und mit ihr den Alltag teilen und erleben, was sie gut findet und wofür sie sich interessiert. Das ist mein Ziel, und das wird sicherlich auch so kommen, aber heute sind wir noch nicht so weit.

Meine Kinder sind anders, wenn ihre Mütter dabei sind. Kinder wollen immer beiden Eltern gerecht werden und ausgleichen, falls das nötig ist, das hindert sie dann daran, ganz gelassen zu sein, was für alle anstrengend sein kann. Es ist einfach ein Unterschied, ob man sich für einen Besuch ankündigt oder ob man längere Zeit da ist und die Routine miteinander erlebt. Das wird bei vielen geschiedenen Vätern ähnlich sein, auch die haben das Problem, dass sie wenig Alltag mit ihren Kindern teilen können. Daran wird sich hoffentlich in meinem Fall etwas ändern, wenn die Kinder älter werden (sie sind jetzt sieben, acht und vierzehn Jahre alt) und stärker für sich selbst entscheiden können.

Noah ist auch schnell oben, nur ich muss mich ein bisschen quälen, um mit den Jungs mitzuhalten.

Kinder können sehr direkt sein. Wenn sie keine Lust haben zu antworten, dann kann man lange warten, oder es kommt nur ein kurzes »Ja« oder »Nein«. Wenn ich längere Zeit nicht da war, dauert es manchmal, bis sich dieses anfängliche Fremdeln verloren hat. Ich muss mich auf die Kinder und ihre Welt einlassen – und sie sich auf mich. Wenn mich die Kinder drei Wochen nicht gesehen haben, darf ich nicht erwarten, dass sie mir gleich beim ersten gemeinsamen Mittagessen alles erzählen. Sie müssen Lust haben und auch die Muße, ihrem Vater etwas mitzuteilen, was persönlicher ist und über das hinausgeht, was sowieso klar ist. Und wenn sie mir dann breit ausgeschmückte Antworten geben, dann weiß ich, dass ich wieder einen Stein im Brett habe und die Nähe wiederhergestellt ist.

Bedingungslose Liebe

Die Liebe der Kinder zu den Eltern beginnt ohne Ansprüche, sie lieben einen, weil man der Vater oder die Mutter ist. Es ist ganz egal, welchen beruflichen Status man hat oder wie viel Geld man verdient – sie lieben einen einfach. Ihre Liebe ist bedingungslos. Dieses tiefe

Gefühl, so lieben zu können, ist durch das extreme Leben, das ich als Sportler und öffentliche Person geführt habe, verschüttet und erst durch die Kinder wieder geweckt worden. Sie lieben mich so, wie ich bin, mit all meinen Fehlern. Die allerdings bekomme ich morgens sofort aufs Brot geschmiert. In ihrer Art und Weise sagen sie mir dann, was sie nicht gut finden. In solchen Momenten muss ich genau hinhören, denn das, was dann folgt, hat für sie eine große Bedeutung, sonst hätten sie es ja längst vergessen.

Wenn ich zum Beispiel an Anna denke und wie sie mich mit einem bestimmten Blick anschaut, weil ich zu wenig da war – so kann mich kein Mensch bestrafen, wie mich meine Tochter mit ihren Blicken abstrafen kann.

Sich mit den Kindern zu beschäftigen und zu spielen ist für mich reines Vergnügen.

Wie liebt man seine Kinder?

Ich bin einmal gefragt worden, ob ich meine Kinder alle von Anfang an geliebt habe. Als Elias auf die Welt kam, dachte ich, ich könne kein Kind genauso lieben wie meinen ersten Sohn Noah. Ich hatte die Befürchtung, dass da nicht mehr genug Platz, Kraft, Geduld, Zeit und Muße sei für das gleiche Maß an Liebe zu einem zweiten Kind. Ich habe dann aber erfahren, dass man nur anders liebt, aber nicht weniger intensiv. Der Erstgeborene wird immer der Erstgeborene bleiben, und mit ihm habe ich bis zu seinem sechsten Lebensjahr zusammengelebt und den Alltag geteilt. Das ändert jedoch nichts daran, dass ich auch mit Elias eine sehr starke Verbindung habe – da stimmt die Chemie ebenso. Er hat dieses tägliche Zusammensein mit mir nie kennengelernt, sein Zuhause ist in Miami, seine Sprache ist Englisch, auch wenn er Deutsch spricht und perfekt versteht. Er wächst also ganz anders auf als Noah, vor allem weil er seine Eltern nie als Paar, sondern nur getrennt erlebt hat.

Mit Anna wiederum ist alles ganz anders. Sie ist meine kleine Tochter, die zu lieben ich erst lernen musste. Wenn ich mit meinen Jungs Sportschuhe einkaufen gehe, sind die begeistert, aber Anna hat ganz andere Vorlieben. Die muss ich erst begreifen, immer wieder neu verstehen, und fragen, was ihr wichtig ist. Dass sie rosa oder hellblaue Schuhe gerne mag, wissen Frauen sofort, ich aber nicht.

In meinem Fall ist das eine Art »Learning by doing«. Anna ist eine kleine Persönlichkeit mit einer starken Haltung. Ich habe sie voll und ganz angenommen und liebe sie als meine Tochter – und sie mich als ihren »Daddy«.

Mit den Jungs weiß ich instinktiv, was die mit mir unternehmen wollen. Ich bin ein Jungsvater, der lernen muss, auch ein Tochtervater zu sein. Manchmal frage ich meine Schwester oder Freundinnen, die Töchter haben, um Rat, weil ich nicht weiß, was Mädchen in Annas Alter bevorzugen. Ich kann Anna in den Arm nehmen und mit ihr kuscheln, und sie findet das schön und ganz normal. Aber sobald Elias sie an der Hand nimmt, bin ich fast abgeschrieben.

Kinder fordern klare Regeln

Wenn Noah und Elias bei mir sind, wissen sie, dass vieles anders funktioniert als bei ihnen in Miami. Und ich sage dann auch, was mir nicht passt. Dass Noah so lange Haare hat und man sein Gesicht kaum sieht oder er die Jeans so tief sitzend trägt, dass die Unterhose halb heraushängt, gefällt mir nicht, auch wenn mir natürlich klar ist, dass das gerade cool ist. Ich verbiete es ihm nicht, aber ich sage dann schon: «Wenn du mit mir weggehen willst, musst du dir was anderes anziehen«, und das macht er dann auch. Noch.

Noah und ich. Immer große Vertrautheit.

Von meinen Eltern habe ich gelernt, dass man mit gewaschenen Händen zu Tisch kommt, sich ordentlich hinsetzt und erst dann zu essen beginnt, wenn alle versorgt sind. Ich möchte auch nicht, dass man sich zwischen Tür und Angel die Pasta reinschiebt und nebenbei der Fernseher an ist oder die Musik laut läuft. Es ist schön, wenn alle an einem Tisch sitzen, zur Ruhe kommen und man gemütlich essen und miteinander reden kann.

Klare Regeln sind deswegen so wichtig, weil Kinder sie geradezu von uns einfordern. Sie wollen wissen, wo ihre Grenzen liegen, und sie brauchen das Gefühl, an diese Grenzen zu stoßen. Sie wollen spüren, hören, sehen, dass sie uns nicht gleichgültig sind. Dann merken sie, dass wir sie nicht aus Willkür erziehen, sondern weil wir ihnen etwas zeigen und beibringen wollen.

Anderer Meinung sein dürfen

» Barbara hat keine Angst, dass ihr Einfluss als Mutter abnimmt, nur weil ich mit den Jungs längere Zeit zusammen bin. Sie weiß, dass wir nur gemeinsam – sie mit ihren und ich mit meinen Qualitäten – die Kinder zu kompletten Personen machen können. Das ist mit Angela ungleich schwieriger, da gibt es einfach nicht diese vertraute Vergangenheit und die gemeinsamen Jahre. Und vieles mache ich ganz anders, als es Annas Mutter entscheiden würde. «

Die Patchwork-Familie

Es ist mir wichtig, dass meine Kinder meine Freundin mögen und respektieren. Ich sage dann zu ihr: »Mich musst du nicht mehr überzeugen, aber die Kinder. Sie riechen dich, spüren dich, sehen dich, schauen dich an und hören dir zu.« Ich kann nur von mir sprechen, aber ich denke, Kinder kann man nur für sich gewinnen, wenn man echt ist und unverstellt. Wenn sich Noah zur Seite dreht und mir deutlich zu verstehen gibt, diese Frau würde er jetzt nicht so toll finden, wird es mühsam, und dann ist mir auch klar, dass das keine Dauerbeziehung sein kann.

Aber nicht nur für die Kinder ist eine neue Partnerin eine große Umstellung, sondern auch für Barbara und Angela. Solange ich keine ernsthafte Lebensgefährtin hatte, war vieles leichter, aber jetzt, da möglicherweise eine Nachfolgerin, eine neue Frau Becker ins Haus kommen könnte, die dann auch noch die Familie mit neuen Brüdern und Schwestern erweitert, hat sich die Stimmung etwas verändert. Wir Männer können selbst in hohem Alter Kinder zeugen, bei den Frauen wird es ab 40 schwierig. Vielleicht war für Barbara und Angela manches leichter zu akzeptieren, solange es bei mir keine feste Partnerin gab. Jetzt aber müssen sich beide Frauen eingestehen, dass ich mich weiterentwickelt und noch ganz andere Ziele habe und dass die Kinder gerne mit mir und meiner Freundin zusammen sind. Der Gerechtigkeit halber muss ich aber auch zugeben, dass es für mich vermutlich ebenfalls nicht einfach wäre, wenn da plötzlich ein anderer Mann die Vaterrolle übernehmen wollte. Ich glaube auch, dass das gar nicht ginge – jedenfalls nicht bei meinen Söhnen.

Erziehen mit unterschiedlichen Meinungen

Mit Barbara war ich sieben Jahre verheiratet, mit Angela nur sehr kurz zusammen. Nichts ist da miteinander vergleichbar, außer der Tatsache, dass beide die Mütter meiner Kinder sind. Barbara hat mir den Umgang mit den Kindern großzügig ermöglicht. Sie hätte ja auch darauf bestehen können, dass ich die Kinder nur zu festen

Zeiten sehe und auf keinen Fall öfter oder länger. Dann hätten wir sicher Stress gehabt und über den Anwalt kommuniziert, aber das war nie der Fall. Ich kritisiere Barbara nie vor den Kindern. Das halte ich für grundfalsch, wenn ein Elternteil in Anwesenheit der Kinder schlecht über den anderen spricht. Kinder können die Erwachsenen wunderbar gegeneinander ausspielen, und das klappt besonders gut, wenn sich die Eltern nicht einig sind. Barbara hat auch keine Angst, dass ihr Einfluss als Mutter abnimmt, nur weil ich mit den Jungs längere Zeit zusammen bin. Sie kennt mich und respektiert mich, und sie weiß, dass wir nur gemeinsam die Kinder zu kompletten Personen machen können.

Das ist mit Angela ungleich schwieriger, da gibt es einfach nicht diese vertraute Vergangenheit und die gemeinsamen Jahre. Und vieles mache ich ganz anders, als es Annas Mutter entscheiden würde. Das fängt beim Essen an. Anna soll eine Modelfigur haben. Doch die Kleine ist mir zu dünn, kein Wunder, wenn auf dem Speiseplan fast ausschließlich fettarmes Essen steht und nie mal auch nur ausnahmsweise eine Pizza erlaubt ist. Jedenfalls habe ich noch nie erlebt, dass sie in Anwesenheit ihrer Mutter kalorienhaltigere Kost gegessen hätte. Doch wenn ich sie in London treffe, dann kaufe ich ihr ein Eis – und sie lacht.

Auch wenn man nicht einer Meinung ist, muss man Entscheidungen treffen. Wer macht was? Jeder muss Verantwortung übernehmen und Respekt vor dem anderen haben. Man darf nicht nur kritisieren, weil man anderer Ansicht ist. Wenn die Kritik das eigene Verhalten gegenüber den Kindern betrifft, muss sie Substanz haben. Es darf nicht um persönliche Empfindlichkeiten gehen. Das ist natürlich leichter gesagt als getan, zumal wenn sich die Rollen, auf die man sich einmal verständigt hat, verändert haben, weil man sich unterschiedlich entwickelt hat und Dinge nicht mehr so sieht wie noch vor ein paar Jahren.

Meine Tochter wird anders erzogen, als ich es mir für sie wünschen würde und auch als ich es gut finde. Wie sehr würde ich mich freuen, wenn ich mehr Einfluss auf Annas Erziehung hätte und sie stärker vor dem Voyeurismus der Öffentlichkeit schützen könnte. Es ist nicht einfach, ohne Sorgerecht eine gemeinsame Position zu finden. Manche Väter haben, so will es das Gesetz, viele Pflichten und wenig Rechte. Es tut mir in der Seele weh, wenn Anna im Fernsehen auftreten muss wie eine Aufziehpuppe, um artig ein paar Sätzchen zu sagen. Warum kann dieses Kind nicht in Ruhe und ohne Öffentlichkeit groß werden? Warum muss sie ständig mit Besenkammer-Witzen konfrontiert werden? Witzig für manche Journalisten, sicher nicht amüsant für Anna. Warum scheint es die Mutter und andere Beteiligte (auch TV-Sender) nicht zu stören, wenn Intimitäten in Anwesenheit des Kindes besprochen werden? Wo bleibt die Verantwortung aller Medienvertreter gegenüber meiner minderjährigen Tochter Anna? Für geschiedene beziehungsweise getrennte Eltern ist es eine Herausforderung, Kompromisse zu finden und die Stärken des anderen ebenso anzuerkennen wie die eigenen Schwächen. Bei Barbara fällt mir das nicht schwer, bei Angela zunehmend.

Meine süße Anna 2006.

Wie leben Patchwork-Familien?

> Das wissenschaftliche Kompetenzteam Familienforschung: Fragen von Boris Becker an Prof. Dr. Wassilios Fthenakis

Wassilios E. Fthenakis ist Experte, wenn es um die Neudefinition der Familie geht: Patchwork-Familien, Ein-Kind-Familien, die Sozialisation der Männer und Väter im Besonderen. Der langjährige Direktor des bayerischen Staatsinstituts für Frühpädagogik leitet heute eine psychologische Praxis in München. Er bricht eine Lanze für die Männer: Ihre Emanzipation zum liebenden Vater sei ein evolutionärer Sprung, allerdings biete die gesellschaftliche Realität noch längst nicht jene Möglichkeiten, die Väter sich wünschen.

> Boris Becker:
Ich bin in einem Elternhaus aufgewachsen, das klare Regeln hatte. Es gab beispielsweise eine feste Tischordnung und klar verteilte Rollen. Meine Eltern schienen glücklich zu sein in dieser Welt, und ich wusste immer, worauf ich mich bei ihnen verlassen konnte. Trotzdem könnte ich selbst nicht so leben, obwohl ich manches von diesem Modell vermisse. Wie haben sich die Familienrollen in den vergangenen 40 Jahren geändert?

> Prof. Fthenakis:
Sie haben sich sehr verändert. Eltern sind heute in hohem Maße darauf angewiesen, symmetrische Beziehungen zu ihren Kindern aufzubauen – Autorität spielt keine Rolle mehr bei der Gestaltung der Eltern-Kind-Beziehung. Da diese Generation aber keine Vorbilder hat, an denen sie sich in dieser Hinsicht orientieren könnte, ist das eine große Herausforderung. Gleichzeitig spüren Eltern heute viel stärker als früher eine emotionale Nähe zu ihren Kindern, sie möchten an deren Leben Anteil nehmen. Der Wert von Kindern für ihre Eltern hat sich massiv geändert – er erschöpft sich nicht mehr in der Unterstützung im Alter oder in finanziellen Aspekten. Eltern begegnen ihren Kindern heute auf Augenhöhe, sie suchen Sinn und Freude in ihnen. Das gilt für die Mütter genau so wie für die Väter.

> »Autorität spielt in der heutigen Elterngeneration keine Rolle mehr bei der Gestaltung der Eltern-Kind-Beziehung.«

> Boris Becker:
Mein Vater war streng und dominant, ganz klar der Patriarch. Manchmal hätte ich mir vielleicht mehr Wärme von ihm gewünscht, aber gleichzeitig war er ein Fels in der Brandung, jemand, der meine Männerrolle geprägt hat. Er steckt in mir, trotzdem gehe ich mit meinen Kindern ganz anders um. Wie hat sich die Vaterrolle verändert?

> Prof. Fthenakis:

Väter definieren sich nicht mehr überwiegend über ihre Rolle als Ernährer, das tut nur noch ein Drittel der Betroffenen. Die große Mehrheit möchte eine soziale Rolle übernehmen: Sie übernehmen Verantwortung für ihre Kinder und wollen sich persönlich für diese einsetzen. Die gesellschaftlichen Bedingungen, das umzusetzen, sind leider noch nicht die besten, aber das steht auf einem anderen Blatt. Doch diese Entwicklung ist ein bedeutender evolutionärer Sprung!

»Die Mehrheit der Väter sieht sich nicht nur als Ernährer der Familie, sondern setzt sich persönlich für die Kinder ein.«

> Boris Becker:

Unter meinen Freunden gibt es hinreißende Väter, aber ich kenne auch einige, deren Beziehungen scheitern, weil sie auf gar keinen Fall Kinder möchten. Gibt es eigentlich den oft beschriebenen Zeugungsstreik?

> Prof. Fthenakis:

Die Lage polarisiert sich: Während der Großteil der Männer sehr gerne Vater würde mit allen Verantwortlichkeiten, möchten 27 Prozent der Männer auf gar keinen Fall Kinder, mit steigender Tendenz.

> Boris Becker:

Meine Ehe ist gescheitert – manchmal denke ich, das ist auch kein Wunder, wenn man ständig von der Öffentlichkeit beobachtet wird, das macht einen nicht gerade locker im Umgang miteinander. Andererseits sehe ich, dass die Zahl der Scheidungen auch in nichtprominenten Familien steigt. Das finde ich beunruhigend. Warum ist das so?

> Prof. Fthenakis:

In den vergangenen zehn bis fünfzehn Jahren haben sich auch Partnerschaften verändert: Motivation für eine Beziehung ist es nicht mehr, eine Familie zu gründen und Kinder zu haben. Das Ziel ist das maximale individuelle Glück. Das setzt die Beziehungen unter einen hohen Erwartungsdruck. Wenn die Bedingungen nicht optimal sind, scheitern die Partnerschaften auch schneller wieder. Die Beziehungen der Zukunft werden eher noch instabiler, als sie heute schon sind.

> Boris Becker:

Meine Kinder leben in unterschiedlichen Ländern, mit verschiedenen Müttern, sie begegnen anderen Männern als mir, müssen mit meiner Freundin auskommen. Der Schutz einer festen Familie ist weggefallen, stattdessen leben wir miteinander als Patchwork-Familie. Schadet das meinen Kindern?

> Prof. Fthenakis:

Patchwork-Familien scheitern, wenn sie die Geschlossenheit der ersten Beziehung imitieren. Das Patchwork muss ein offenes Beziehungskonzept sein, das die Familie ausweitet und neue Mitglieder hereinholt, ehemalige Partner, neue Partner, Halbgeschwister. Das kann Kinder sogar sehr bereichern. Wenn diese Offenheit aber nicht möglich ist, dann bekommen Kinder massive Probleme. Deshalb haben amerikanische Studien gezeigt, dass Kinder aus wiederverheirateten Beziehungen mehr Probleme haben als während der Scheidung. Wichtig ist also, dass alle Teile eines Patchworks einander respektieren und wertschätzen und dass sie auch miteinander kooperieren.

> Boris Becker:

Annas Zeugung ist ja durch die Boulevardpresse gegangen, und auch wenn ich die Umstände bedauere, so ist es nun mal passiert, und ich bin glücklich, dass ich Anna habe. Allerdings gibt es immer wieder Auseinandersetzungen mit ihrer Mutter, die ich nie richtig kennengelernt habe, und Anna ist das Unterpfand. Wenn ich mich umhöre, gibt es immer wieder Männer, die in einer ähnlichen Lage sind. Wie soll man mit Kindern umgehen, deren Mutter man kaum kennt und zu der man keine nahe Beziehung hat?

> Prof. Fthenakis:

Väter sind Väter, unabhängig vom rechtlichen Status, also z.B. davon, ob ein Kind unehelich ist oder ob sie die Mutter mal geliebt haben. Sie sollten ihre Kinder einfach als das akzeptieren, was diese sind: ihre Kinder, ein Wert an sich. Sie sollten also zu jedem Kind stehen und auf jeden Fall eine Beziehung zu ihm aufbauen. Menschen, die gemeinsam ein Kind haben, sollten sich bemühen, eine gute Elternbeziehung aufzubauen, und wenn das nicht möglich scheint, sich Unterstützung von außen suchen – z. B. professionelle Hilfe außerhalb der Familie bei einem Familientherapeuten in Anspruch nehmen. Das hilft nicht nur dem Kind, sondern auch den Eltern selbst. Das Kind braucht beide Elternteile, und dafür ist eine gute Beziehung wichtig.

»Väter sind Väter für die Kinder – unabhängig vom rechtlichen Status, also ob ein Kind z. B. unehelich ist.«

> Boris Becker:

Ich war ziemlich nervös, als sich Noah, Elias und Anna zum ersten Mal begegnet sind. Trotzdem hatte ich das starke Gefühl, sie hätten ein Recht darauf, sich kennenzulernen. Schließlich sind es Halbgeschwister, und jedes einzelne Kind ist ganz zentral in meinem Leben. Sollten Halbgeschwister oder Kinder aus neuen Partnerschaften einander kennenlernen?

> Prof. Fthenakis:

Auf jeden Fall. Kinder entwickeln emotional zu jedem Teil der Familie eine Beziehung, sie bemühen sich, alle Teile miteinander zu vereinen. Man sollte sie deshalb nicht nur zusammenbringen und vielleicht gemeinsam mit allen etwas unternehmen, sondern sie sollten auf jeden Fall auch das Zuhause der jeweils anderen kennenlernen.

> Boris Becker:

Ich hatte auch die Sorge, dass meine drei Kinder nichts miteinander anfangen können oder auch eifersüchtig aufeinander sind. Ich wollte auf gar keinen Fall, dass eines von ihnen sich weniger geliebt fühlt, obwohl man ja nie die gleiche Aufmerksamkeit für alle gleichzeitig haben kann. Kommt es dann nicht zur Konkurrenz zwischen den Geschwistern? Wie gehe ich mit den Kindern um, die mir besonders nahe sind?

> Prof. Fthenakis:

Eltern lieben in der Regel alle ihre Kinder – dass das nicht immer gleich aussieht, liegt daran, dass jedes Kind anders ist, ein individueller Mensch. Jede Beziehung hat ihre eigene Qualität. Jedes Kind fordert z. B. den Vater auf seine Weise heraus.

> Boris Becker:

Bei Noah und Elias fällt es mir nie schwer, mir ein Programm für sie zu überlegen, was wir gemeinsam machen könnten. Bei Anna bin ich unsicherer, weil ich mich nicht so leicht in ein kleines Mädchen hineindenken kann wie in einen Jungen. Gibt es besondere Beziehungen zwischen Vätern und Söhnen bzw. Töchtern?

> Prof. Fthenakis:

Väter haben zu ihren Söhnen eine engere Beziehung, deshalb werden übrigens auch Ehen mit männlichen Nachkommen seltener geschieden. Das heißt aber nicht, dass ihnen die Töchter nicht nahestehen – in gewisser Weise fördern sie das Weibliche in ihren Töchtern mehr, als das die Mütter können. Sie reagieren auf die Koketterie der Mädchen und fühlen sich auf ganz andere Weise angesprochen als von den Söhnen. Die Mädchen sind oft kommunikativ und zeigen ihren Vätern sehr schnell, was sie von ihnen wollen. Man muss sie als Vater nur beobachten und ernst nehmen.

»Ehen mit männlichen Nachkommen werden seltener geschieden, weil Väter zu Söhnen eine engere Beziehung haben.«

> Boris Becker:

Dadurch dass sich die Kinder der beiden Mütter nicht so häufig sehen, weiß ich nie, wie das Zusammensein beim nächsten Mal wird und ob sie sich vielleicht entfremdet haben. Ich will auf gar keinen Fall, dass meine Kinder sich als Konkurrenten um meine Zuneigung sehen. Was tut man als Eltern, wenn die Geschwister oder Halbgeschwister in Konkurrenz zueinander stehen?

> Prof. Fthenakis:

Konkurrenz ist etwas völlig Normales, sowohl bei Kindern als auch bei Erwachsenen. Sie kann sehr positiv sein, wenn die Kinder dabei lernen, Positionen zu beziehen, nach Lösungen zu suchen, und sich dann auch wieder versöhnen. Sie lernen auch, sich selbst richtig einzuschätzen.

> Boris Becker:
Meine Kinder haben Zimmer bei mir und sollen sich dort wie zu Hause fühlen. Aber natürlich sind sie viel häufiger bei ihren Müttern. Manchmal frage ich mich auch, ob das wirklich funktionieren kann, an zwei Orten gleichzeitig zu Hause zu sein. Kann ein Kind mehrere Zuhause haben oder braucht es einen Ort, der »seiner« ist?

> Prof. Fthenakis:
Die Eltern müssen dem Kind vermitteln, dass beide Orte, an denen sie jetzt wohnen, psychologisch gleichwertig sind – völlig unabhängig davon, wie viel Zeit es dort verbringt. Anstelle einer Ein-Kern-Familie hat es jetzt eben eine Zwei-Kern-Familie. Das gehört zu dem erweiterten Familiensystem, über das wir vorhin gesprochen haben. Kinder tendieren übrigens dazu, die verschiedenen Orte miteinander zu verbinden, indem sie persönliche Gegenstände von einem Ort zum anderen bringen.

»Kinder verbinden beide Orte miteinander, indem sie persönliche Gegenstände von einem Ort zum anderen bringen.«

> Boris Becker:
Wenn ich meine Söhne länger nicht gesehen habe, sind sie immer erst einmal zurückhaltend, still und erzählen wenig. Wir umkreisen uns dann und sind alle ein wenig scheu. Was kann man gegen dieses »Fremdeln« beim ersten Wiedersehen tun?

> Prof. Fthenakis:
Ein solches Verhalten zeigt, dass die Eltern es nicht schaffen, ihrer gemeinsamen Elternrolle auch dann gerecht zu werden, wenn sie getrennt leben. Sie kommunizieren nicht offen und ehrlich miteinander. Dann verhalten sich Kinder so, dass sie den jeweils anderen Teil ihres Lebens ausblenden und verschweigen, oder sie ziehen sich zumindest erst mal zurück und warten ab. Dieses Verzichten auf einen wichtigen Teil im Leben tut ihnen aber nicht gut: Die verschiedenen Leben der Kinder sollten möglichst gut ausbalanciert sein.

> Boris Becker:
Mein großer Wunsch ist es, mehr Alltag mit meinen Kindern zu verbringen, z.B. selbstverständlich auch bei ihren Geburtstagen dabei zu sein. Aber es kam auch schon vor, dass ich nicht eingeladen war. Ich bin trotzdem hingefahren. Obwohl meine Exfrau sich brüskiert fühlte, waren die Kinder glücklich. Soll man Konflikten mit der Expartnerin aus dem Weg gehen, um die Kinder zu schützen?

> Prof. Fthenakis:
Es ist besonders wichtig, dass ein Vater sich nicht abhängig macht von der möglichen Machtposition der Mutter. Er muss zeigen, dass er selbst Bedürfnisse hat, er muss aktiv nach Wegen suchen, sie zu befriedigen, anstatt passiv zu warten, bis er vielleicht dazu eingeladen wird. Aktive Bewältigung von Krisensituationen – das ist das Stichwort.

Die unbekannte Welt der Kinder

» Die Jugendlichen haben untereinander eine ganz eigene Sprache, in der alles abgekürzt wird. Mein Sohn schrieb mir am Ende einer SMS das Kürzel ›LOL‹. Ich hatte keine Ahnung, was er damit meinte, und dachte schon, er habe sich vertippt und wollte vielleicht ›SOS‹ schreiben. Er hat sich dann ein bisschen über mich amüsiert und es mir erklärt. Seither kenne ich eine Menge mehr Begriffe aus dieser Chatsprache. «

Eltern sollten wissen, was YouTube oder MySpace ist

Gemeinsames Knuddeln ist immer schön …

Wenn man gemeinsame Erziehung ernst nimmt, muss man sich als Eltern mit dem auseinandersetzen, was Kinder in ihrer Freizeit tun. Was Jugendliche und sogar Kinder heute schon alles gesehen haben, sich auf ihre Handys laden oder über MySpace und YouTube erfahren, kann man sich nur vorstellen, wenn man sich selbst damit beschäftigt. Das kann ich jedem Elternteil nur dringend raten. Ich habe mich gefragt, wie werde ich Teil dieser Welt meiner Kinder. Ich kann ja nur verstehen und mitreden, wenn ich Informationen habe. Ich will wissen, was sich Noah am Computer ansieht und in welchen Internetforen er sich austauscht. Der Erfolg von YouTube oder MySpace basiert darauf, dass Millionen von Jugendlichen in diesen Internetportalen in ihrer eigenen Welt leben. Ich habe mir dann mal den Fragebogen angesehen, den die Jugendlichen da ausfüllen, um ihre Vorlieben und Hobbys anzugeben. Was da alles abgefragt wird, glaubt man nicht, und wie offenherzig die antworten, auch nicht. Außerdem kann man sich bei YouTube, egal wie alt man ist, ziemlich extreme Videos ansehen.

Vor allem aber darf man als Elternteil keine Scheu davor haben, sich mit dem zu konfrontieren, was längst Realität geworden ist. Dazu gehört auch die, wie ich es nenne, »Pornografisierung«. Es ist eine Tatsache, dass sich die Kinder und Jugendlichen die härtesten Dinge im Internet ansehen können und sie sich dann aufs Handy schicken. Verbieten kann man den Zugang kaum, aber man kann kritisch sein, hinterfragen, aufklären. Die Kinder merken dann, dass man Bescheid weiß, sie fühlen sich ernst genommen und man kann konkreter eine Auskunft einfordern. Will man als Vater oder Mutter aber wissen, was das eigene Kind auf dem Fragebogen in der Rubrik »Sex« ausgefüllt hat, merkt man schnell, ob das Kind ein regelmäßiger Besucher, also User, dieser Seiten ist oder noch zu den Ahnungslosen gehört. Und dann kann man nachhaken.

Eine ebenfalls von Eltern unterschätzte und von vielen Erwachsenen häufig wenig verstandene Bewegung ist die der harten Hip-Hop-Musik. Hip-Hop klingt erst mal fröhlich und nach guter Laune, aber die Texte, die die Kids nachsingen – oft, ohne zu verstehen, was sie singen –, haben es in sich. Frauen werden vielfach als »bitches« bezeichnet, als Nutten, und es wird geradezu propagiert, ihnen Gewalt anzutun. Dazu beziehe ich sehr eindeutig Stellung, indem ich allen, die Hardcore-Hip-Hop hören (»50 Cent« und Ähnliches), sage, was ich über solche Inhalte denke, und meinem ältesten Sohn und den Freunden mache ich klar, dass man so keine Frau und keine Freundin behandelt. Wer die Trends kennt, kann sich mit Jugendlichen kritischer auseinandersetzen und ist in den Augen der Kids »cooler«. Aber nicht jede Hip-Hop-Musik ist brutal, Kanye West oder Shawn ›Jay-Z‹ Carter finde ich sogar ziemlich gut.

Die Jugendlichen haben untereinander eine ganz eigene Sprache, in der alles abgekürzt wird. Mein Sohn schrieb mir am Ende einer SMS das Kürzel »LOL«. Ich hatte aber keine Ahnung, was er damit meinte, und dachte schon, er habe sich vertippt und wollte vielleicht »SOS« schreiben. Ich fragte ihn, und er hat sich dann ein bisschen über mich amüsiert und es mir erklärt. Seither kenne ich eine Menge mehr Begriffe aus dieser Chatsprache. »4U« heißt »For you«, »HDL« bedeutet »Hab dich lieb«, »J4F« ist »Just for fun«, und »LOL steht für »Laugh out loud«, was so viel heißt wie »Lach dich schlapp«.

... sich zu spüren ebenso.

Der Computer kann zum Problem werden. Die Generation, die jetzt Kind ist, ist ja ganz selbstverständlich mit Handy und Internet aufgewachsen und damit, dass pausenlos ein Programm verfügbar ist, das sie unterhält. Wir können die Uhr nicht zurückstellen, aber wir müssen Alternativen bieten zum stundenlangen Hocken vor dem Bildschirm – sei es vor dem Computer oder dem Fernseher. Wenn die Kinder bei mir sind, machen wir spätestens nach einer Stunde den Fernseher aus. Für die Schule brauchen die Kinder heute den Computer, die holen sich dort ihre Informationen und News. Die Kids lesen ja keine Zeitung, und auch weniger Bücher. Wir müssen also dafür sorgen, dass unsere Kinder nicht nur die virtuelle Welt, sondern vor allem die reale Welt verstehen. Sie finden es toll, wenn man etwas zusammen unternimmt, auch wenn sie vorher maulen, weil sie sich nichts Schöneres vorstellen können, als einen gemütlichen Nachmittag vor dem Computer.

Frühe Aufklärung über Drogen und Alkohol

Drogen sind seit den Sechzigerjahren ein Thema – und immer noch der Schrecken aller Eltern. Als Sportler habe ich nie Drogen genommen und mich auch nie dafür interessiert. Sport ist ideal als Prävention, ganz einfach, weil die Fitness das Körperbewusstsein sensibilisiert. Man spürt, was guttut und was nicht. Wenn ich als Leistungssportler am Abend Alkohol getrunken hatte, waren meine Kondition und Konzentration am nächsten Tag deutlich schlechter. Der Körper ist ein Seismograf mit einem Elefantengedächtnis – er spürt alles und er vergisst nichts.

Als mir Noah einmal in Miami erzählte, dass ein Freund von ihm kifft, habe ich diesen Freund nach der Schule einfach angesprochen und gefragt, warum er das macht. Der war total überrascht, dass sich jemand für ihn interessiert, sich mit ihm auseinandersetzt und ihn ernst nimmt. Er hat sich richtig gefreut und geantwortet, dass er einfach etwas »Cooles« ausprobieren wollte und sich damit erwachsener vorkam. Niemand ist perfekt – wir machen alle Fehler. Teenager sind konfrontiert mit Drogen und Alkohol, sie stehen oft unter Druck und Gruppenzwang. Wie macht man sie stark, sodass sie Nein sagen können, ohne aus ihrer Sicht ihren Ruf zu verlieren oder den Platz in der Gemeinschaft?

Wichtig ist, dass wir nah an dem dranbleiben, was die Kinder bewegt, und dass wir mit ihnen reden, auch oder gerade wenn es unangenehm ist. Zu Noah sage ich, dass ich ihm hundertprozentig vertraue, selbst dann, wenn er übers Ziel hinausschießen würde. Ich erkläre ihm, was passiert, wenn man die Kontrolle über sich selbst verliert, und warum das schlimm ist. Ich möchte sein Bewusstsein schärfen, indem ich ihn frage und offen mit ihm spreche. Und falls er einmal Mist bauen würde, ginge es mir nicht darum, ihn zu bestrafen, sondern intensiv mit ihm zu reden, und zwar solange er mir noch zuhört, mich ernst nimmt und über meinen Rat nachdenkt.

In unserem Freundeskreis gibt es einen Jungen, den Noah auch sehr gut kennt und der älter ist als er. Wir waren alle einmal zusammen auf einem Konzert und hatten eine Menge Spaß. Aber die Stimmung kippte, als der Junge am Ende betrunken war. Das fand Noah ziemlich abschreckend. Mein Sohn hat gemerkt, dass man mit dem Freund plötzlich nicht mehr reden konnte, weil er völlig hilflos geworden war. Noah und ich haben dann lange darüber gesprochen, und ich denke, da ist etwas bei ihm hängen geblieben. Übrigens bin ich überzeugt davon, dass es sich gerade in der Pubertät auszahlt, wenn man in den Jahren zuvor versucht hat, eine enge und offene Beziehung zu seinen Kindern aufzubauen.

Ich freue mich immer, wenn mich Anna drückt.

Über Sex reden

Kinder werden vielfach auf dem Schulhof aufgeklärt. In der Schule gibt es immer Angeber, die mit ihren Erfahrungen prahlen, hinter denen aber meistens nicht viel steckt. Häufig traut sich dann aber keiner von den Kumpels nachzufragen, weil sie Angst haben, man könnte ihre Unerfahrenheit bemerken. Tatsache ist, dass die Kids zwar einerseits vieles wissen, andererseits jedoch von vielem keine Ahnung haben, dafür aber früher sexuell aktiv werden. Noah hat den Mut, mich zu fragen oder mir Dinge anzuvertrauen. Manchmal bin ich dann derjenige, der rot anläuft. Das hat schon etwas von Situationskomik, wenn der 13-jährige Sohn seinem erfahrenen Vater etwas erzählt, was diesem fast peinlich ist. Aber das ist mir natürlich viel lieber als kein Gespräch.

Man wird in solchen Situationen gezwungen, über den eigenen Schatten zu springen, schließlich geht es bei dem Thema »Sexualität« um sehr intime Dinge. Zu den Aufgaben eines Vaters gehört es meiner Ansicht nach, den Söhnen zu vermitteln, dass man Frauen achtet. Es ist mir sehr wichtig, dass Noah und Elias wissen, wie sie sich später einmal Frauen gegenüber verhalten sollen, und dass es nicht um den eigenen Egoismus geht, sondern darum, dass beide Partner glücklich und zufrieden sind. Das gilt für alle Bereiche – auch für Sex!

Wie wirken Medien auf die Kinder?

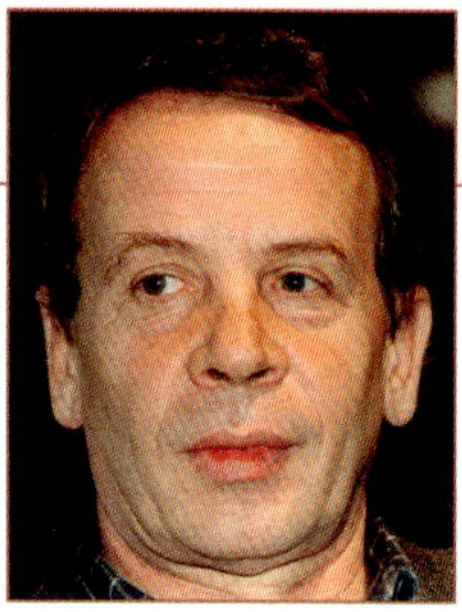

> Das wissenschaftliche Kompetenzteam: Fragen von Boris Becker an Prof. Dr. Bernd Schorb

Bernd Schorb, geboren 1947, ist Professor für Medienpädagogik und Weiterbildung am Institut für Kommunikations- und Medienwissenschaften an der Universität Leipzig. Er hat zahlreiche Studien zur Mediennutzung von Jugendlichen begleitet. Die Jugendlichen konnten in verschiedenen Medien das Programm selbst gestalten. Er berät Eltern, Pädagogen und Politiker, wenn es um Jugendschutz und Medien geht.

> Boris Becker:

Was Jugendliche und Kinder heute schon alles gesehen haben, was sie sich auf ihre Handys laden oder über MySpace und YouTube erfahren, kann man sich nur vorstellen, wenn man sich selbst damit beschäftigt. Was sollten Eltern über den Medienkonsum ihrer Kinder wissen?

> Prof. Schorb:

Eltern sollten generell so viel wie möglich über ihre Kinder wissen, darüber, was diese interessiert, was sie wollen und brauchen. Dazu gehören auch die Medien, die einen wichtigen Teil in der Welt der Kinder und Jugendlichen ausmachen. Aber das Wissen, das sich Eltern über Jugendmedien aneignen, sollte aus echtem Interesse erwachsen. Es sollte nicht erworben werden, um den Nachwuchs besser kontrollieren zu können.

> Boris Becker:

Um seine Kinder zu verstehen, muss man auf Draht sein, ständig dazu lernen – den SMS-Slang z. B.: »4U« statt »For you«. Die meisten Eltern, die ich kenne, interessiert das aber nicht oder sie haben Angst, sich zu blamieren. Sollten sich Eltern in die Jugendkultur einmischen oder sie lieber ganz dem Nachwuchs überlassen?

> Prof. Schorb:

Es ist gut, wenn Eltern den Umgang ihrer Kinder mit Medien kennen. Denn Medien sind für Kinder enorm wichtig, sie lernen dabei, sie kommunizieren mit anderen, treten in Kontakt miteinander. Kinder zeigen meistens von sich aus, was sie können, was sie bewegt – wenn sie das Gefühl haben, dies zu dürfen und mit ihren Interessen angenommen zu werden.

> Boris Becker:
Wenn meine Jungs vor dem Computer sitzen, bin ich immer im Konflikt, ob ich sie nicht lieber davon wegholen sollte. Aber dann denke ich, diese Medien gehören zu ihrer Welt. Was holen sich Kinder aus der Welt der Medien für sich selber?

> Prof. Schorb:
Sie holen sich Wissen über die Welt. Nicht nur abfragbares Wissen, Daten und Fakten, sondern vor allem auch Einstellungen, Werte, Einschätzungen. Wie sieht man aus, wie handelt man, was zieht man an und vieles andere mehr. Medien sind ganz wichtige Orientierungshilfen. Natürlich dienen sie auch dazu, ein Stück weit aus der realen Welt abzutauchen – aber diese Sehnsucht haben Medien schon immer erfüllt. Der Unterschied zu früher ist, dass wir inzwischen von Medien umringt sind – es gibt kaum einen Punkt dieser Welt, wo wir nicht auf irgendein Medium treffen, und wenn es nur ein Plakat ist. Außerdem werden die Medien immer mobiler, wir können sie mit uns herumtragen, sie rücken uns immer näher, z.B. in Form des Mobiltelefons, das für Jugendliche enorm wichtig ist. Die Totalität der Medien vergrößert ihren Einfluss. Und das Phänomen der »Konvergenz«: Ein Medium verweist auf das andere, zu Kinofilmen oder Fernsehserien z.B. gibt es Homepages und Klingeltöne und Bücher und DVDs über das Make-of. Das zieht uns immer stärker in die mediale Welt.

»Kinder holen sich aus den Medien Wissen über die Welt: neben Daten und Fakten vor allem Einstellungen und Werte.«

> Boris Becker:
Ich bin skeptisch, was diese virtuelle Welt der Codes und Symbole und Markenzeichen angeht. Ich möchte meinen Kindern beibringen, wie das wirkliche Leben läuft, wie man Konflikte löst, mit Gefühlen umgeht, wie man Konkurrenz aushält. Ist die virtuelle Welt nicht eine Scheinwelt?

> Prof. Schorb:
Diese althergebrachte Unterscheidung zwischen künstlicher und nichtkünstlicher Welt kann man heute nicht mehr machen. Die Generation derjenigen, die heute Kinder und Jugendliche sind, ist in eine Mediengesellschaft hineingeboren worden und verhält sich so. Sie bewegt sich ganz selbstverständlich im Internet, also ist die virtuelle Welt für sie real. Natürlich birgt sie auch Gefahren: Kinder werden finanziell abgezockt, das ist die häufigste Form des Missbrauchs, aber es gibt natürlich auch Pornografie, Gewalt und anderes. Die Aufgabe von Eltern – und anderer erwachsener Vertrauter, wie Lehrer –, muss es jetzt sein, den Kindern zu zeigen, dass Medien nicht neutral und frei von Ab-

»Die Unterscheidung zwischen künstlicher und nichtkünstlicher Welt kann man heute nicht mehr machen.«

sichten sind, dass es z.B. etliche rein kommerziell Interessierte im Netz gibt und dass nicht alles, was im Internet steht, wahr ist. Sie müssen lernen, Fragen zu stellen – über die »reale« Welt genauso wie über die virtuelle.

> Boris Becker:

Wenn ich mit den Kindern zusammen bin, sehen wir uns wenn möglich entweder zusammen etwas im Fersehen an oder der Fernseher bleibt aus. Ich mag nicht, wenn sie alleine davor sitzen. Sollten Eltern Fernsehverbote aussprechen?

> Prof. Schorb:

Kinder glauben nur das, was ihre Eltern ernsthaft vorleben, denn sie sind die großen Vorbilder, im negativen wie im positiven. Wir stellen bei unseren Studien fest, dass es meist die Erwachsenen sind, die am einseitigen Umgang mit Medien schuld sind. Wenn eine Mutter selbst nicht gerne liest, dann ist es für den Nachwuchs nicht glaubwürdig, wenn sie sich aus pädagogischen Überlegungen heraus entschließt, den Kleinen abends vorzulesen. Wir haben Interviews geführt, in denen Kinder die Doppelmoral ihrer Eltern entlarvten. Sie sagten: »Ich muss um 19 Uhr ins Bett und Fernsehen ist verboten. Aber meine Eltern machen den Kasten dann an, wenn sie glauben, ich schlafe schon...«

»Oft sind es die Erwachsenen mit ihrer Doppelmoral, die am einseitigen Umgang der Kinder mit den Medien schuld sind.«

> Boris Becker:

Pornografie und Gewalt – das sind Themen, mit denen heute schon kleine Kinder in den Medien konfrontiert werden. Machen Medien gewalttätig?

> Prof. Schorb:

Medien machen nicht gewalttätig. Medien sind ein Spiegel unserer Gesellschaft – einer Gesellschaft voller Gewalt, in der ernsthaft diskutiert wird, ob man Flugzeuge abschießen soll, um Terrorangriffe abzuwehren. Medien jedoch machen Gewalt alltäglicher, sie wird »normaler« und eher akzeptiert als früher. Menschen, die zur Gewalttätigkeit neigen, bestärkt das. Aber kein Video kann einem Menschen schaden, das sind immer die Menschen selbst. So haben die Jugendlichen, die Amok liefen und angeblich von den Medien zur Gewalt verführt wurden, alle Biografien, die zeigen, dass sie von ihren Eltern und anderen alleingelassen wurden. Zuerst wurde ihnen Gewalt angetan, körperlich oder psychisch.

»Medien machen nicht gewalttätig, sie sind ein Spiegel unserer Gesellschaft – einer Gesellschaft voller Gewalt.«

> Boris Becker:

Aber solche Phänomene wie »happy slapping« sind doch beunruhigend: Jugendliche schlagen zu, filmen das und verbreiten es über das Handy. Warum sind Jugendliche heute gewalttätiger als früher?

> Prof. Schorb:
Die Statistik zeigt, dass Jugendliche nicht gewalttätiger sind als früher, auch wenn in den Medien selbst immer wieder dieser Eindruck erzeugt wird. Gewalt in der Jugendkultur hat es im Übrigen immer gegeben. Sie gehört teilweise dazu, zum Austesten von Grenzen, zum Erproben eigener Stärker und tolerierter Verhaltensweisen, zu den Initiationsritualen des Erwachsenwerdens.

»Jugendliche sind nicht gewalttätiger als früher, auch wenn in den Medien immer wieder dieser Eindruck entsteht.«

> Boris Becker:
Ich finde es schwierig, meinen Kindern zu erklären, warum sie diesen oder jenen Film nicht sehen sollten. Lieber wäre mir, sie fänden gleich was anderes, um sich die Zeit zu vertreiben. Sie sollen auch nicht ewig vor dem Computer sitzen. Sollte man den Bildschirmkonsum einschränken?

> Prof. Schorb:
Man sollte Kinder nur so viel fernsehen lassen, dass man hinterher sagen kann, sie haben keine Zeit verschenkt. Eine genaue Zeitangabe ist schwierig, weil Kinder die Bildschirmmedien ganz unterschiedlich nutzen. Kleine Kinder allerdings brauchen mehr Schutz: Sie sind noch besonders empfindsam und brauchen ganz deutliche Grenzen, weil sie das Gesehene erst mal verarbeiten müssen. Vor allem sollten sie sich noch mehr bewegen, anstatt still zu sitzen. Denn ihre körperliche und geistige Entwicklung hängt stark von der Motorik ab.

> Boris Becker:
Wenn ich mir vorstelle, dass meine Kinder das glauben, was das Fernsehen alles über mich oder über die Welt berichtet ... Sollen Eltern Programme auswählen oder verbieten? Wie kann ich ihnen beibringen, mit Medien richtig umzugehen?

> Prof. Schorb:
Man sollte den Umgang mit Medien nicht verbieten, sondern die Kinder dabei kritisch begleiten. Wenn ein Kind eine bestimmte Doku-Soap liebt, hat das einen Grund, und der ist es sicher wert, herausgefunden zu werden, denn es ist wichtig zu wissen, welche Vorbilder sich Kinder suchen.

> Boris Becker:
Was hat sich in den letzten 40 Jahren geändert, wenn es um Mediennutzung geht?

> Prof. Schorb:
Seit den 60er Jahren ist die Lieblingsbeschäftigung der Deutschen das Fernsehen. Doch im Gegensatz zu damals, als es noch weniger Programmstunden gab, liefert es heute nur noch zu Großereignissen wie manchen Sportübertragungen Gesprächsstoff für die ganze Gesellschaft. Jeder kann zu völlig verschiedenen Zeiten das sehen, worauf er Lust hat – und dieser Trend der Individualisierung und auch Isolation nimmt zu.

Sport und Bewegung

» Der Wunsch und Wille, zu siegen, ist eine Frage des Charakters. Man muss sich im sportlichen Wettkampf gern messen wollen, auch auf die Gefahr hin, dass man verliert. Verlieren können ist ein wichtiges Lernfach. Das gilt natürlich nicht nur für den Sport, aber der Sport ist dafür vielleicht der beste Lehrmeister. «

Sport prägt den Charakter

Was Drogen, Alkohol, Hip-Hop, Computer und Sex angeht, spielt die Schule als Austauschforum eine ganz entscheidende Rolle. Wer aus einer sogenannten guten Familie kommt, aber in die falsche Schule geht, weil da viele kiffen, Ecstasy nehmen, rauchen oder trinken, kann gefährdeter sein als ein Kind aus einer Problemfamilie, das in eine relativ unbelastete Schule geht. Mit »belastet« meine ich hier, dass die Schüler leicht an irgendwelche Drogen kommen und sie ihnen oft sogar direkt vor der Schule angeboten werden. Darum ist der Sport so wichtig, auch und gerade in der Schule. Aber schon zu meiner Zeit spielte der Schulsport keine große Rolle mehr. Wir hatten zwei Stunden Unterricht in der Woche, aber eine allzu große Sportbegeisterung war auf einem naturwissenschaftlichen Gymnasium fast verpönt.

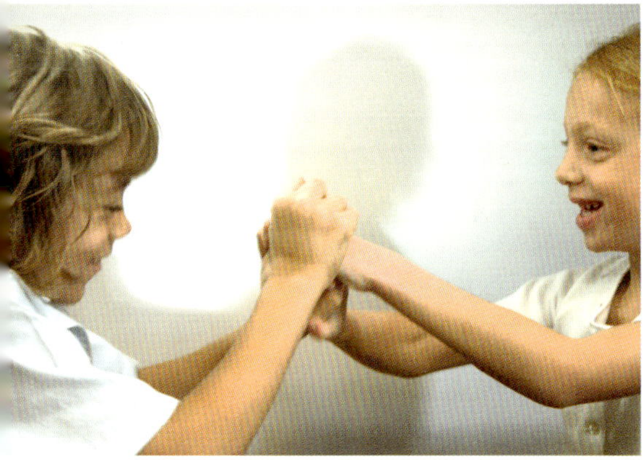

Anna und Elias sind ein Herz und eine Seele.

Wenn ich heute zurückblicke, kann ich nur bedauernd feststellen, dass mich die Schule bei meiner sportlichen Laufbahn nicht besonders unterstützt hat und die Lehrer alles andere als verständnisvoll waren. Garantiert wurde ich montags Lateinvokabeln abgefragt, wenn samstags ein Turnier war.

In Deutschland musste man sich entscheiden zwischen Sport und Schule, zumal wenn es, wie es bei mir der Fall war, kein Sportinternat in der Nähe gab. In den USA oder in Großbritannien hingegen bekommst du eine kostenlose Collegeausbildung oder einen Platz an einer Eliteuniversität, wenn du herausragende sportliche Leistungen bringst.

Ich jedoch musste, um ein Weltklassespieler werden zu können, mit 15 Jahren von der Schule abgehen, weil Training und Schule sich nicht hätten vereinbaren lassen. Ich finde, das sagt viel aus über den Stellenwert des Sports in unserer Gesellschaft.

Bei uns ist das Image eines Sportlers erst mal das eines Deppen, der deswegen Sportler wurde, weil ihm zu einem »ordentlichen«

Beruf die nötigen Fähigkeiten gefehlt haben. Kein Wunder also, dass angesichts einer solchen Haltung auch der Schulsport eine untergeordnete Rolle spielt.

Sport ist aber Teil der Charakterbildung, und die haben die Engländer zum Grundbestandteil ihrer schulischen Ausbildung gemacht. Dabei ist es erst mal unwesentlich, ob einer in einer Mannschaft spielt oder ein Einzelkämpfer ist, entscheidend sind Disziplin, Entschlossenheit und Durchhaltevermögen.

Wenig Geld für Schulsport

In Deutschland besteht weder großes Interesse an den Tugenden des Sports noch gibt es ausreichend Schulen mit richtig guten Sportplätzen und einigermaßen modernen Geräten. Auf der Schule meines Sohnes in Miami ist die Sportanlage fast größer als das Trainingsgelände des FC Bayern München, und Sportangebote gibt es ohne Ende. Viele Schüler bleiben nachmittags länger, um noch zwei Stunden Fußball, Basketball oder Baseball zu spielen.

Man könnte einwenden, dass die Schule in Miami eine Privatschule ist und dass Privatschulen generell ein besseres Angebot an sportlichen Aktivitäten bieten. Das stimmt sicher, macht aber noch deutlicher, wie wichtig die staatliche Förderung für all jene Schulen ist, die sich den Sportunterricht kaum noch leisten können.

Durch den Sport können nicht nur Aggressionen abgebaut und das Selbstwertgefühl gestärkt werden. Der Sport fördert auch das Gemeinschaftsgefühl ungemein. Alle gehören zusammen, sowohl die, die aktiv am Spiel teilnehmen, als auch jene, die die Spieler anfeuern. Schüler, Lehrer und Eltern sind dann am Ende stolz, wenn die eigene Schulmannschaft bei einem Wettkampf gewonnen hat. In Deutschland gibt es aber viel zu wenig Schulwettkämpfe, und selbst die Bundesjugendspiele haben an Bedeutung verloren, die zu meiner Zeit noch eine große Rolle spielten und auf die sich viele schon vorher freuten, weil man als Anerkennung eine Urkunde mitnahm, die sogar vom Bundespräsidenten unterschrieben war. In einem Artikel der F.A.Z. habe ich vor einigen Jahren gelesen, dass 1999 auf dem Weltsportgipfel in Berlin gefordert wurde, Politiker müssten sich stärker für das Grundrecht der Kinder auf Bewegung einsetzen. In der Abschlusserklärung hieß es ausdrücklich: »Alle Kinder haben ein Anrecht auf ausgewogene Förderung der geistigen und körperlichen Entwicklung.« Sogar ein Appell an die UNESCO wurde ausgearbeitet, nachdem das Ergebnis einer Studie belegte, dass in 126 Ländern der Schulsport immer mehr an Bedeutung verliert und immer weniger Geld für ihn bereitgestellt wird. Und in dem Artikel hieß es weiter, dass die 80 Sportwissenschaftler, die aus der ganzen Welt angereist waren, deutlich machten, dass die Zeit der schönen Worte vorbei sei und dringend gehandelt werden müsse. Das war vor acht Jahren – und wo stehen wir jetzt?

Als verwegener Skifahrer in den Dolomiten. Ich bin 13 Jahre alt.

Wie ich selbst zum Sport kam

Ich habe schon erzählt, dass mein Vater ein leidenschaftlicher Schwimmer, Skifahrer und Tennisspieler und vor allem Wasserballer war. Es ist also nicht sonderlich überraschend, dass er auch meine vier Jahre ältere Schwester Sabine und mich für die unterschiedlichsten Sportarten begeisterte. Dabei war es ihm nicht wichtig, für welchen Sport wir uns entschieden oder ob wir Mannschafts- oder Einzelsport machten – Hauptsache Sport, und zwar regelmäßig, was eigentlich bedeutete: jeden Tag.

Zwischen meinem sechsten und meinem zehnten Lebensjahr durfte ich sehr viele verschiedene Sportarten ausprobieren. Aber im Alter von drei Jahren habe ich zum ersten Mal Tennis gespielt. Mein Vater hatte den Griff eines Schlägers zur Hälfte abgesägt und brachte ihn mit nach Hause. Ich weiß noch genau, wie er mir auf der Terrasse diesen weißen Schläger in die Hand drückte und meinte, damit könne ich doch jetzt mal ein bisschen mit Sabine spielen. Da meine Eltern jedes Wochenende in den Tennisclub gingen und mich nicht alleine zu Hause lassen wollten, musste ich im Club irgendwie beschäftigt werden. Ich bin mit dem Plop-Sound der geschlagenen Bälle aufgewachsen. Und da meine Schwester mit ihren sieben Jahren schon recht gut spielte, fing ich an, mit meinem kleinen abgesägten Schläger alleine die Bälle gegen die Wand zu schlagen – und zwar stundenlang. Meine Mutter hat mir später erzählt, dass ande-

re Clubmitglieder einmal den Verdacht äußerten, ich wäre vielleicht nicht ganz normal, da ich so lange in dieses Spiel versunken war und dabei auch noch recht zufrieden schien.
Auf dem Weg vom Tennisclub nach Hause sind wir jedes Mal an einem Fußballplatz vorbeigekommen, und da mir gefiel, was die machten, wollte ich auch Fußball spielen. Ich bin dann ein leidenschaftlicher Fußballer geworden. Und jeden Freitag ging es ins Schwimmbad. Zu meinen Spitzensportzeiten als Junge war ich zur gleichen Zeit im Tennis-, Schwimm- und Fußballverein, spielte Handball- und Basketball in der Schule und besuchte im Winter den Skiclub. Als ich zwölf war, bin ich bei einem Skiabfahrtsrennen so schwer gestürzt, dass ich eine Gehirnerschütterung und eine gebrochene Nase davontrug. Seither ist meine Nase ein bisschen krumm, aber an meiner Begeisterung für den Skisport hat dieser Unfall nichts geändert – nur durfte ich als aktiver Tennisspieler leider keine Abfahrtsläufe mehr riskieren.

Es war also keineswegs von Anfang an klar, auf welche Sportart ich mich festlegen würde, zumal ich vom Talent her sicher auch ein guter Fußballer, Hand- oder Basketballer geworden wäre. Aber meine Eltern haben relativ früh erkannt, dass ich den Ehrgeiz hatte, gewinnen zu wollen, und dass ich mich wohler dabei fühlte, wenn ich dieses Ziel alleine erreichen konnte. So habe ich mich für den Einzelsport entschieden. Mein Haupttalent war nicht in erster Linie das Ballgefühl, sondern die Tatsache, dass ich nicht aufgeben und bis zum letzten Ball spielen wollte. Im Tennis gab es eine ganze Reihe von Spielern, die begabter waren als ich, die aber nicht durchgehalten haben. Von den vielen Sportarten, die ich während meiner Kindheit ausprobiert habe, zehre ich heute noch. Denn es ist ein großer Vorteil für spätere sportliche Leistungen, wenn man schon als Kind ein Gefühl für die verschiedenen Bewegungsabläufe entwickeln kann.

Der lange Rolf und ich in der gleichen Mannschaft in Leimen 1977/1978.

Warum Kinder Sport brauchen

Der Wunsch und Wille, zu siegen, ist eine Frage des Charakters. Man muss sich im sportlichen Wettkampf messen wollen, auch auf die Gefahr hin, dass man verliert. Verlieren können ist ein wichtiges

Lernfach. Das gilt nicht nur für den Sport, aber der Sport ist dafür vielleicht der beste Lehrmeister. In vielen Bereichen und Berufen lassen sich Dinge kaschieren, weil nicht so ganz klar zu ermitteln ist, wer was wie gut oder schlecht gemacht hat. Im Sport hingegen hast du entweder verloren oder gewonnen. Das kann brutal sein, ja grausam, ist aber ehrlich. Ich bin auch deswegen ein so großer Befürworter von Sport für Kinder, weil Kinder durch den Wettkampf viel von dem erfahren können, was sie später einmal brauchen: Durchhaltevermögen, Disziplin, vollen Einsatz bringen, gewinnen wollen, aber auch verlieren können. Wenn ein Kind bereits mit fünf oder sechs Jahren mit diesen Herausforderungen konfrontiert wird, hat es etwas Grundlegendes gelernt, und zwar für sein ganzes Leben.

Gemeinsame sportliche Übungen stärken die Nähe.

Die Laureus-Stiftung

Ich bin Mitglied in der Laureus-Stiftung, die sich international für Sportförderung einsetzt. Durch diese Stiftung wurde es möglich, dass in den schlimmsten Ghettos in den USA Sportprojekte angeboten wurden, die zu einer deutlichen Senkung der Kriminalitätsrate führten. In Washington gibt es nachts um elf Midnight-Basketball. Bis um drei Uhr morgens können sich die Jugendlichen oder auch Erwachsenen austoben. Ich habe einmal bei einem solchen Basketballspiel mitgemacht. Das war beeindruckend, weil ich mit Jungs spielte, denen ich nachts unter anderen Umständen nur ungern alleine begegnet wäre. Da rempelst du vielleicht einen an, von dem du nicht weißt, ob er nicht schon mal einen umgebracht hast. Du willst aber den Rebound, und plötzlich hat der Respekt vor dir. Wir sind in so einem Moment Sportler – und nicht weiß, nicht schwarz, nicht gut oder böse. In dieses Viertel, in dem das Sportprojekt stattfindet, kann man sich heute als Weißer wieder hineintrauen – und das nur, weil durch den Sport die ganze Gegend friedlicher wurde.

In den Favelas in Brasilien unterstützt Laureus ein weiteres Projekt. Dort haben Kinder – sie gehören zu der Kinderpolizei einer Gang – eine Boxschule gegründet. Jetzt haben die Kids, die sich dort engagieren, keine Waffen mehr, mit denen sie sich Respekt verschaffen müssen, sondern ziehen stattdessen ihre Boxhandschuhe an. Diese Boxschule in Rio hat der brasilianische Rennfahrer Emerson Fittipaldi mit seinen Kindern besucht, um öffentlich zu zeigen, dass er die Idee unterstützt. Noch fünf Jahre zuvor hätte er bei einem Besuch in einer solch gewalttätigen Umgebung vermutlich sein Leben riskiert. Weil das Projekt so erfolgreich war, wurde jetzt eine zweite Boxschule in London aufgemacht, und bald gibt es auch eine in Berlin. Klar, es sind auch Mädchen gefragt, aber die Jungs wollen ihre Kräfte viel öfter messen, und sie haben einen anderen Bewegungsdrang als die Mädchen. Darum ist es so wichtig, gerade Jungs zum Sport zu bringen und sie immer wieder zu motivieren.

Elias übt das Boxen. Zum Glück schützt mich ein Kissen.

Kinder über den Körper motivieren

Was ist Talent? Die mentale Stärke in einem sportlichen Wettkampf kann auf eine Grundbegabung zurückgehen, aber auch das Ergebnis von Training und Übung sein – das ist meine Überzeugung. Es geht also nicht nur um ein Ballgefühl, es geht auch um Fleiß und darum, den inneren Schweinehund zu überwinden und Übungen durchzustehen, die wehtun können. Durchhaltevermögen kann man zu Hause lernen. Aber dies setzt voraus, dass die Eltern Ausdauer vorleben. Wenn Mutter und Vater jedoch viel herumhängen und sich mittags schon das erste Bier genehmigen, wie soll da ein Kind motiviert werden und Ausdauer lernen? Wie soll ein Kind auf diese Weise das Glück erfahren, dass es etwas gut gemacht hat, vielleicht sogar besser als andere?

Wenn man Kinder über den Körper motiviert, begreifen sie viel schneller und nachhaltiger. Kinder können über den Sport eine andere Seite ihres Wesens zeigen. In der Schule ist es vor allem unter den Jungs noch immer für das Ansehen und Ranking in der Gemeinschaft wichtig, im Sport Leistung zu zeigen. Darum brauchen sie dort mehr Sport-Angebote.

Eltern sollten versuchen herauszufinden, was ihren Kindern Spaß macht. Wenn ein Kind nicht turnen oder Fußball spielen will, darf man es nicht zwingen, dann muss man nach einer Alternative suchen. Vielleicht gehen die Eltern mal gemeinsam mit ihrer Tochter oder ihrem Sohn zu einem Wettkampf, um dem Kind zu zeigen, wie

Hockey-, Tennis-, Fußball- oder Handballspiele ablaufen. Wichtig ist, dass das Kind durch den Sport mehr Lebensfreude entwickelt, fitter und stärker wird – und zwar körperlich wie seelisch.

Mir hat vor Kurzem ein in der Nähe von Bad Tölz lebender Vater erzählt, dass zum Abschlussspiel der Schul-Fußballmanschaft seines Sohnes außer ihm selbst kein weiterer Zuschauer gekommen war. Das konnte ich kaum glauben. Eltern müssen sich interessieren, loben, mitfiebern und den Kindern auch mal einen Tritt geben, wenn sie keine Lust haben. In dem Begriff Motivation steckt das Wort »Bewegung«. Wer sich nicht motiviert oder nicht motiviert wird, kommt nicht voran und bleibt stehen.

Elias liebt es, wenn ich ihn beim Sport beobachte.

Sportler müssen beobachten können

Was man im Sport außerdem noch lernt, was aber selten thematisiert wird, ist die Fähigkeit zur Analyse. Wer weiß, ob die deutsche Fußball-Nationalmannschaft im Viertelfinale gegen Argentinien 2006 gewonnen hätte, wenn der Torwart, Jens Lehmann, nicht mit diesem besonderen Spickzettel vor dem Spiel ausgestattet worden wäre. Die Notizen auf dem Zettel waren das Ergebnis genauer Beobachtungen des Torwarttrainers Andy Köpke, und so konnte Lehmann noch einmal nachlesen, welcher Spieler der gegnerischen Mannschaft in der Vergangenheit wie häufig in welches Eck im Tor geschossen hatte. Er konnte sich in seinem Reaktionsverhalten auf diese Analyse einstellen und entscheidende Bälle halten.

Beim Tennis ist Analyse überlebensnotwendig, wenn es darum geht, die Schwächen und Stärken des Gegners zu studieren. Je intensiver du den anderen kennst, desto besser kannst du dich auf ihn einstellen. Du musst lernen, genau hinzusehen. Wie bewegt sich mein Gegner, welche Haltung nimmt er ein? Hängen seine Schultern, beginnt er mit den Beinen zu schlurfen? Wenn das der Fall ist, bin ich auf der Zielgeraden, dann hab ich's fast geschafft. Dann muss ich aufpassen, wann ich Gas geben darf, ich muss entscheiden, ob ich mich noch für einen Moment zurücknehmen soll. Ich darf nicht den Eindruck erwecken, als würde mich ein Gegenschlag verunsichern. Aber ich ärgere mich so leicht, so öffentlich und so laut. Man studiert nicht nur die sportlichen Verhaltensweisen eines Menschen, man studiert auch einen Charakter, und manchmal kennst du den anderen besser als dich selbst. Dabei weißt du, die anderen machen das Gleiche mit dir. Wenn du irgendwelche Marotten hast und zum Beispiel beim Aufschlag mit deiner Zunge immer in die Richtung zeigst, in die du dann schlagen wirst, musst du dir das abgewöhnen, sonst hat der Gegner leichtes Spiel mit dir. Von dieser Eigenart von mir hatte ich keine Ahnung, bis mir Andre Agassi 1998 auf dem Münchner Oktoberfest lachend davon erzählte.

Die Beobachtungsgabe zu schärfen ist ein eigenes Ausbildungsprogramm. Ich glaube, es gehört zum Härtesten, womit man im Sport konfrontiert wird, auch und gerade, weil man ständig seine eigenen Schwächen ertragen muss. Aber wenn man einmal gelernt hat, das Unangenehme genau in denBlick zu nehmen und nicht davor wegzulaufen, wird man ein Leben lang von dieser Erfahrung profitieren. Mich hat diese Fähigkeit, genau hinzusehen und vor nichts und niemandem zu kapitulieren, in den Jahren meiner Scheidung, der Querelen mit dem Finanzamt und in der Trauer um meinen Vater überleben lassen.

Für Dehnübungen sind sie nicht so zu begeistern.

Söhne brauchen Männer – auch im Sport

Ich glaube, wenn man Söhne hat, ist der Sport ab einem bestimmten Alter als gemeinsame Erfahrung sehr wichtig. Zum einen können sich Väter und Söhne körperlich nahe sein, ohne dass dies als Weichheit angesehen und verspottet würde, und zum anderen ist man einfach gemeinsam aktiv.

Dadurch dass ich selbst Sportler bin, bietet es sich natürlich an, mit den Kindern Sport zu treiben. Ich sehe mich da viel stärker in der Verantwortung, zumal Barbara eher künstlerisch veranlagt ist.

Jungs aber wollen sich körperlich messen, und das können sie einfach besser mit Männern. Jedes Mal wenn ich in Miami bin, muss ich als Erstes mit Elias und Noah Ringkämpfe veranstalten, mit ihnen raufen und balgen. Wir toben zusammen im Pool, wir spielen Basketball, Tennis, Fußball. Meine beiden Söhne haben unterschiedliche Begabungen und sehr verschiedene Temperamente, das zeigt sich auch im Sport. Während Elias ein Kraftpaket ist, hat Noah die bessere Feinmotorik. Manchmal erinnert mich Elias an den Mittelfeldspieler Gennaro Gattuso vom AC Mailand, der ist auch so ein Energiebündel. Wenn Elias vom Baum fällt, schreit er nicht. Er steht auf und schluckt den Schrecken hinunter. Manchmal habe ich den Eindruck, er kennt keine Schmerzen. Elias ist immer unterwegs, läuft viel, rennt, hüpft. Man sieht ihm an, wie sehr er die Bewegung braucht. Als wir die Übungen für dieses Buch machten, war er mit Feuereifer dabei und saß – schwupp – als Erster auf dem Baum, auf dem wir zu dritt fotografiert worden sind. Noah spielt leidenschaftlich Basketball. So gerne, dass er die Schule wechseln möchte, um dort in eine bessere Mannschaft einsteigen zu können.

Das hat er sich mit seinen 13 Jahren selbst überlegt. Aber von mir aus muss er kein Profisportler werden, und sollte er mit 20 Jahren nicht Spieler in der NBA (der nordamerikanischen Basketball-Profiliga) sein, dann geht das Leben trotzdem weiter.

Die Angst der Eltern vor Verletzungen

Ich glaube, dass Väter in puncto Risiko mehr zulassen als Mütter. Mütter sind sicher ein bisschen ängstlicher, als Väter es in der gleichen Situation wären. Es ist aber entscheidend, dass Kinder ihre Grenzen kennenlernen und dass sie auch mal stürzen und sich wehtun. Heute werden die meisten Kinder (auch meine) mit dem Auto in die Schule gebracht. Das war früher ganz anders. Meine Eltern gingen einfach davon aus, dass ich, wenn ich mit dem Fahrrad unterwegs war, am Ziel ankommen würde.

Ich hatte ständig aufgeschürfte Knie, und wenn ich heute nachzähle, sind es ungefähr 15 verbliebene Narben am ganzen Körper. Ich habe mir den Arm, den Finger und die Nase angebrochen oder gebrochen. Einmal bin ich durch eine Glastür gerannt, und viele

Weitsprung mit Anlauf – Elias ist nicht zu bremsen!

kleine Splitter steckten in meinem rechten Arm. Aber das war vermutlich nur halb so schlimm wie der Sturz auf der Baustelle, als ich durch ein Loch gefallen bin und sich ein rostiger Nagel in meinen Oberschenkel bohrte. Die vielen Narben auf meinem Kopf sind Erinnerungen an Stürze von Bäumen und Treppen und an Sportunfälle. Im Vergleich zu den Blessuren und Verletzungen in meiner Kindheit musste ich während meiner Profikarriere als Sportler deutlich seltener verarztet werden. Auch meine Söhne haben schon einige heftige Stürze erlebt und Narben zurückbehalten. Noah hat sich einmal beim Tennis den Arm gebrochen. Ein anderes Mal ist er mit dem Skateboard im Haus herumgefahren, hat die Kontrolle verloren und ist dermaßen gegen einen Schrank geknallt, dass wir Angst um sein Auge hatten. Ich binde ihm aus Vorsorge immer die Schuhe zu, bevor er zum Basektball geht. Es ist nämlich zurzeit cooler, wenn die Schnürsenkel in die Schuhe gestopft und nicht zugebunden werden. Und Elias ist ein kleines Energiebündel, das viel einstecken kann und dem zum Glück noch nicht so viel passiert ist.

Zum Sport am Morgen muss ich sie nicht lange bitten.

Dass auch Mädchen wagemutig und unerschrocken sein können und Narben auf ihren Knien haben, weiß ich seit meiner frühesten Kindheit durch die Verwegenheit meiner Schwester. Aber ich erlebe privat eben hauptsächlich meine Jungs und deren Freunde, bin also eher öfter unter »Männern«, wenn es um den Sport geht.

Kinder müssen ihre Erfahrungen mit der Selbstüberschätzung machen. Sie lernen daraus, dass sie zu weit gegangen sind oder eine Gefahr gar nicht erst gesehen haben. Wir können sie nicht vor allem bewahren – und dürfen es auch nicht. Und gerade weil heute so viele Kinder mit dem Auto in die Schule gebracht werden, lange mit Bus oder U-Bahn unterwegs sind, brauchen sie eigentlich bereits vor Schulbeginn eine Runde Austoben und Luftholen.

Wie sieht Profisport heute aus?

> Fragen von Boris Becker an seinen langjährigen physiotherapeutischen Betreuer Klaus Eder

Klaus Eder war bei rund 40 Davis-Cup-Spielen Betreuer des deutschen Teams und hat Boris Becker schon seit 21 Jahren als Physiotherapeut begleitet. Er war während der letzten fünf Weltmeisterschaften Mitglied des medizinischen Stabs der deutschen Fußball-Nationalmannschaft. Seiner Ansicht nach stellt Hochleistungssport heute ganz andere Anforderungen an den Sportler.

> Boris Becker:

Du hast mich nun schon viele Jahre betreut und begleitest ja auch heute viele hochkarätige Tennisspieler. Hat sich die Art der Verletzungen gegenüber früher verändert?

> Klaus Eder:

Ja, sie hat sich sehr verändert. Früher kamen Tennisspieler überwiegend mit einem Tennisarm zu mir, doch heute sind die Verletzungen oft größeren Ausmaßes. Sie betreffen vor allem den Rumpf, insbesondere die Bandscheiben und Rippen. Von diesen Stauchungen sind oft auch Nervenbahnen und Blutgefäße betroffen, die die Physiotherapeuten wieder freigängig machen müssen.

> Boris Becker:

Sind Tennisspieler denn heute tatsächlich auch viel mehr gefordert? Haben sich die Inhalte und die Intensität des Trainings so sehr geändert?

> Klaus Eder:

Profi-Tennisspieler haben heute viel mehr Spiele, da sie häufig auch bei Show-Turnieren gefordert sind. Außerdem ist die Technik ausgefeilter, die Ballwechsel sind schneller.

> Boris Becker:

Findest du nicht, dass Sport heute insgesamt viel athletischer ist?

> Klaus Eder:

Ja, das würde ich auf jeden Fall sagen. Während ein Mittelfeldspieler bei einem Fußballspiel früher in den 90 Spielminuten 1000 bis 1500 Meter gelaufen ist, rennen Stürmer wie Miroslav Klose pro Spiel 15 Kilometer.

> Boris Becker:

Vielen Dank für das Interview. Und natürlich ganz besonders für die hervorragende Betreuung über die vielen Jahre, bei der ich zu jeder Zeit auf dich zählen konnte.

Freude am Essen

» Ich glaube, es ist wichtig, dass Kinder lernen, wie wertvoll gemeinsames Essen sein kann. Es ist ein schönes Ritual, denjenigen zu loben, der sich die Mühe gemacht hat, einzukaufen und zu kochen. Gemeinsam am Tisch die Mahlzeiten einzunehmen hat für mich auch eine sehr wichtige kommunikative Bedeutung, einfach weil man in einer gelösten Atmosphäre anfängt zu erzählen und jeder mal an die Reihe kommt, das gilt insbesondere für die Kinder. «

Schlank ist schön, mager nicht

Ich kaufe Anna so gerne ein Eis. Sie strahlt dann über das ganze Gesicht.

Wir leben in einer Gesellschaft, in der alle gut aussehen und schlank sein wollen. Viele junge Mädchen achten darum besonders auf das, was sie essen. Das allein wäre kein Problem, schlimm ist, dass sie oft fast gar nichts mehr essen, um ganz dünn zu bleiben, und schlimm ist, dass selbst die Mütter mitunter nicht davor zurückschrecken, ihre Töchter zu Models machen zu wollen. Ich weiß, was sich da abspielt. Meine Tochter Anna macht leidenschaftlich gerne Ballett und hat auch einen sportlichen Körper, trotzdem möchte ihre Mutter, dass sie kein Gramm zunimmt. Wenn die Kleine dann bei mir ist und Unmengen von Tomatenbroten oder Hühnchensandwichs verdrückt, dann sage ich zu ihrer Mutter, dass das nicht schlecht sein kann, zumal es dem Kind schmeckt und bestens bekommt. Mir erscheint es krank, wenn jemand ständig nur daran denkt, dass man zunehmen könnte. Dabei bleibt der Genuss total auf der Strecke – und um den geht es nun mal beim Essen.

Letzten Sommer verbrachte meine Mutter mit uns die Ferien auf Mallorca und kochte für alle. Anna hat mit Begeisterung gegessen, was ihre Oma gekocht hat. Das hat ihre Mutter zwar nicht erfreut, zumal die Kleine mit ein paar Pfund mehr abreiste, aber dafür mich.

Warum gemeinsames Essen so wichtig für Kinder ist

Ich glaube, es ist wichtig, dass Kinder lernen, wie gemütlich Essen und vor allem gemeinsames Essen sein kann. Es ist ein schönes Ritual, denjenigen zu loben, der sich die Mühe gemacht hat, einzukaufen und zu kochen. Gemeinsam am Tisch die Mahlzeiten einzunehmen hat für mich auch eine sehr kommunikative Bedeutung, einfach weil man in einer gelösten Atmosphäre anfängt zu erzählen und jeder mal an die Reihe kommt, das gilt insbesondere für die Kinder.

Es gibt immer mehr Kinder, die es gar nicht mehr kennengelernt haben, dass die Familie gemeinsam isst. Da ist Essen kein Ritual mehr, dem eine besondere Bedeutung beigemessen wird, sondern eine ziemlich genusslose Notwendigkeit. Viele dieser Kinder nehmen keine regelmäßigen Mahlzeiten mehr zu sich, und wenn sie nicht in der Schule oder im Hort warm essen können, dann bekommen sie tagelang nichts frisch Gekochtes.

Wie wahnsinnig wichtig die Ernährung für die Konzentration und für ein gesundes Aufwachsen ist (Knochenbau, Verdauung, Immunsystem), weiß ich als Sportler aus eigener Erfahrung. Kinder müssen ausreichend Obst, Gemüse, Fleisch, Fisch und Milchprodukte zu sich nehmen. Sie brauchen vollwertige Nahrung und keine Milchschnitten zum Frühstück. Mehr und mehr Kinder sollen heutzutage unter Hyperaktivität leiden. Wieso gab es früher viel weniger Zappelphilipps? Hat das etwas mit der Ernährung zu tun und damit, dass sie sich weniger bewegen?

Bei uns gibt es immer Berge von Obst, egal wo wir sind.

Keine Extrawürste für Kinder

Ich weiß, dass heute einige Eltern für ihre Kinder anders kochen als für sich selbst, und das, obwohl die Kinder alt genug wären, das Gleiche wie die Erwachsenen zu essen. Diese Kinder kennen dann oft nur Nudeln mit Butter, Fischstäbchen, Würstchen und all die anderen typischen Kindergerichte. Solche »Extrawürste« wären der Generation meiner Mutter nie im Traum eingefallen.

Mein Sohn Noah isst fast alles. Oliven auf Brot mit Pfeffer liebt er. Bei Elias hingegen war es lange Zeit schwierig, weil er nur bestimmte Dinge essen wollte. Da konnte man sich auf den Kopf stellen, wenn er nicht wollte, ging nichts. Und dann hat seine Mutter, bevor er anfing zu schreien, eher seinen Wünschen nachgegeben. Heute isst er glücklicherweise mehr von dem, was wir für uns zubereiten.

Es erweitert den Horizont von Kindern, wenn sie von klein auf alles Mögliche probieren und mit vielen Geschmacksrichtungen aufwachsen, sie sind dann später offener und entwickeln ein besseres Empfinden für das, was gut ist. Ich finde es ziemlich anstrengend, von Erwachsenen oder Kindern umgeben zu sein, die dies und jenes nicht essen, Speisen einfach ablehnen, obwohl sie sie gar nicht kennen. Meine Mutter hat üppig und traditionell gekocht, man sagt dazu Hausmannskost. Es standen immer viele Töpfe auf dem Tisch,

Töpfe mit Gemüse, Kartoffeln und Fleisch. Für den Freitag wurde Fisch eingekauft, so wie das eben in einer katholischen Familie üblich war, und nur am Sonntag gab es zum Frühstück Eier. Bis heute liebe ich den Salat von meiner Mutter, und ganz besonders die Marinade, dieses Joghurtdressing mit ein bisschen Zucker. Ich bin meiner Mutter ausgesprochen dankbar dafür, dass wir so abwechslungsreich und gesund ernährt wurden. Niemals hätte ich so fit werden können, wenn das anders gewesen wäre. Wir tranken Mineralwasser, das vielleicht mal mit Apfelsaft gemischt wurde. Keines meiner Kinder trinkt heute Cola. Wenn die Eltern selbst keine Lust auf diese zuckerhaltigen Softdrinks haben, entwickeln auch die Kinder sehr viel seltener Bedürfnisse danach.

Gemeinsam essen, reden, lustig sein – das lieben alle Kinder. Auch meine.

Es ist gut, wenn einer kochen kann

Barbara konnte, als ich sie kennenlernte, nur Tomatensuppen aus der Dose warm machen. Ich übertreibe, aber ein bisschen war es so. Sie hat eigentlich erst bei meiner Mutter gesehen, was es heißt, gut zu kochen und gemeinsam am Tisch zu sitzen und zu essen. Heute bereitet sie den Kindern das gesündeste Essen zu: Morgens gibt es zum Beispiel Müsli mit Obst – es wird immer frisch und ausgewogen gegessen, und Fast Food oder Softdrinks sind nicht erlaubt.

Aus meiner Sicht, und da bin ich vielleicht ein bisschen konservativ, sollte einer in der Familie kochen können. Früher waren das ausschließlich die Frauen. Und sie kochten ganz selbstverständlich, auch dann, wenn sie berufstätig waren. Frauen haben bis heute oft mehr Aufgaben in der Familie zu erledigen als die Männer. So war das auch bei uns zu Hause. Meine Mutter war im Büro, versorgte uns Kinder, führte den Haushalt, kochte und kümmerte sich um alles Organisatorische. Für uns war es ganz natürlich, dass immer jemand da war. Sie wäre nie auf die Idee gekommen, mir als ihrem Sohn das Kochen beizubringen, und so kann ich es bis heute nicht. Und umso mehr freue ich mich, wenn jemand für mich kocht! Sicher haben viele Familien keine Wahl, da müssen beide arbeiten, aber es gibt auch andere Fälle, da wollen beide berufstätig sein. Wenn Vater und Mutter morgens aufbrechen und nach frühestens acht Stunden im Job wieder nach Hause kommen, dann bleibt für Familie einfach wenig Zeit. Wie will man da einkaufen und kochen, wenn man den ganzen Tag im Büro ist? Das ist schwer, und da legt man eben mal schneller ein Fertiggericht in den Einkaufswagen oder schiebt die Pizza in den Ofen. Vielleicht fehlt auch die Lust, frisch zu kochen, oder die Muße für ein gutes Frühstück. Ich würde Magenschmerzen bekommen, wenn ich wüsste, Noah oder Elias würden ohne Frühstück in die Schule gehen.

Lilly ist eine gute Köchin, sie macht mir die herrlichsten Spiegeleier oder Omeletts zum Frühstück, sie kocht für die Kinder und für mich. Falls jemand denkt, dass wir am liebsten in einem Restaurant essen – weit gefehlt. Nichts geht über einen Teller Spaghetti mit frisch zubereiteter Soße und grünem Salat.

Viele Kinder kennen keine Obstsorten mehr

Wenn wir in Wimbledon während der Tennisturniere ein Haus mieten oder auf Mallorca in meiner Finca sind, gehen wir als Erstes gemeinsam einkaufen. Bei uns gibt es immer Berge von Obst, Unmengen von Äpfeln, Kiwis, Bananen und Birnen, sodass die Kinder einfach nur zugreifen müssen.

Gerade noch das letzte Viertel Melone erwischt.

Es gibt Kinder, die kennen viele Gemüse- und Obstsorten nicht, die wissen nicht, wie eine Gurke schmeckt oder eine Ananas riecht. Es existieren jetzt überall Initiativen, dass Kinder mehr Früchte essen sollen. Obst ist zum einen gesund und zum anderen macht es nicht dick. In meiner Klasse gab es höchstens ein Kind, das übergewichtig war. Heute sind es unzählige Kinder – und in den USA noch viel mehr. Das liegt daran, dass diese Kids so viel Junkfood und Industrieprodukte in sich hineinstopfen, manche von ihnen haben so gut wie noch nie etwas Frisches gegessen, vielleicht mit Ausnahme der Tomate auf dem Burger von McDonald's. Bei uns zu Hause gab es zwar auch Nutellabrote, aber das war nicht weiter schlimm, weil das Essen insgesamt ausgewogen war und natürlich weil wir so viel Sport gemacht haben.

Ernähren wir unsere Kinder richtig?

> Das wissenschaftliche Kompetenzteam: Fragen von Boris Becker an Prof. Dr. Martin Halle

Martin Halle ist Internist, Kardiologe und Professor für Sportmedizin an der Technischen Universität München. Er ist Vater von drei Kindern. Der Experte für Prävention und Rehabilitation untersucht Risikofaktoren für die Gesundheit, die durch den Lebensstil bedingt sind, und beschäftigt sich mit der Frage, welche Verhaltensänderungen unsere Gesundheit positiv beeinflussen. Übergewichtige oder sogar adipöse Kinder und die langfristigen Folgen der falschen Ernährung, wie etwa Altersdiabetes bei Kindern und Jugendlichen, sind Kernpunkte seiner Forschung.

> Boris Becker:

In meiner Jugendzeit gab es eigentlich keine dicken Kinder, höchstens mal einen pro Klasse, der ein bisschen mollig war. Bei Schulveranstaltungen meiner Kinder, in Einkaufszentren oder am Strand beobachte ich heute aber immer wieder, dass es viel mehr dicke Kinder gibt als früher. Warum nehmen heutzutage so viele Kinder zu?

> Prof. Halle:

Übergewicht und Bewegungsarmut sind die beiden zentralen Risiken, wenn es um die Gesundheit unserer Kinder geht. Sie hängen oft zusammen. Aber es gibt auch Kinder, die sich sehr viel bewegen und trotzdem zu dick sind. Denn den größten Einfluss auf das Übergewicht hat eine falsche Ernährung. Das Übergewicht betrifft nicht alle Kinder gleichermaßen: Während ein großer Teil dem Durchschnittsgewicht seiner Altersgruppe entspricht, ist jedes sechste dafür bereits adipös – also fettsüchtig. Oft sind das Kinder aus sozial schwachen Familien, deren

»Den größten Einfluss auf das Übergewicht hat eine falsche Ernährung. Schon jedes sechste Kind ist fettsüchtig.«

Eltern wenig wissen über den Zusammenhang zwischen Ernährung und Gesundheit. Die Kinder sind tagsüber oft sich selbst überlassen und sehen auch überdurchschnittlich viel fern. Eine große Rolle spielt dabei, dass Essen ständig verfügbar ist und dass Familien heutzutage keine gemeinsamen Essenszeiten haben: Jeder isst dann, wenn er oder sie gerade Lust darauf hat. Früher traf man sich am Tisch zu einer richtigen Mahlzeit, heute trifft man sich kurz am Kühlschrank.

> Boris Becker:

Ich bin wirklich froh, dass alle meine Kinder so sportlich und aktiv sind und keine Probleme mit dem Gewicht haben. Trotzdem beobachte ich sie natürlich, welchen Körperbau sie haben und wie fit sie sind. Dicke Kinder tun mir wirklich leid, denn sie machen oft einen eher traurigen Eindruck. Wächst sich denn das Übergewicht nicht irgendwann aus?

> Prof. Halle:

Leider nicht, denn übergewichtige Kinder werden übergewichtige Erwachsene. Und: Übergewichtige Kinder altern frühzeitig, vor allem wegen ihres Stoffwechsels. In Deutschland sind z.B. bereits 600 Kinder an Altersdiabetes erkrankt. Die Vorstufe ist das »metabolische Syndrom« mit negativen Wechselwirkungen wie erhöhtem Blutdruck, veränderten Blutfettwerten, Übergewicht und steigendem Blutzucker. Wenn in diesem Stadium keine Änderung des Lebensstils geschieht, nehmen die Gefäße Schaden und langfristige Folgen bleiben nicht aus.

> Boris Becker:

Vor einigen Jahren gab es einen Dokumentarfilm im Kino, der in den USA und auch in Deutschland für einige Aufregung gesorgt hat. In »Supersize me« ernährt sich der Filmemacher in einem Selbstversuch ausschließlich von Fast Food und wird fett und krank dabei. Ich selbst frage mich immer, wenn es bei uns ausnahmsweise eine Pizza oder schnelle Nudeln zum Essen gibt, schadet Fast Food eigentlich, wenn es die Ausnahme bleibt? Oder sind Fertiggerichte und Fast Food gänzlich tabu?

> Prof. Halle:

Fast Food ist nur halb so schlimm wie die Softdrinks, die in den Schnellrestaurants dazu verkauft werden. Wenn Kinder sich gesund und ausgewogen ernähren, ist gegen Burger oder Pommes frites gelegentlich gar nichts einzuwenden. Aber: Generell enthalten Fast Food und auch Fertiggerichte viel Fett, oft die besonders ungesunden gehärteten Fette; und außerdem zu viel Salz oder Zucker. Sie bestehen oft aus einfachen Kohlenhydraten, die vom Körper schnell aufgeschlossen werden. Die Folge: Man hat rasch wieder Hunger. Anders ist das mit den komplexen Kohlenhydraten, wie sie z.B. in Gemüse oder Vollkornbrot enthalten sind; komplexe Kohlenhydrate geben langsam und regelmäßig ihre Energie ab. Fast Food ist also ab und zu erlaubt, sollte aber die Ausnahme bleiben, denn Fertiggerichte können nie eine frisch zubereitete Mahlzeit ersetzen. Doch viele Eltern nehmen sich nicht mehr die Zeit, einzukaufen und zu kochen, und viele wissen schon nicht mehr, wie man Essen zubereitet. Kochen ist eine Kulturtechnik – aber Schnippeln und Schälen ist vielen zu mühsam, sie sind zu bequem geworden.

»Viele Eltern nehmen sich nicht mehr die Zeit einzukaufen und zu kochen und viele können kein Essen mehr zubereiten.«

> Boris Becker:

Weder früher bei mir zu Hause noch im Wettkampf-Training gab es jemals Cola-Getränke. Ganz selten, bei einem Match z.B., wenn ich den großen Hunger kommen spürte, habe ich eine Cola getrunken. Der Grund war aber nicht, dass es mir geschmeckt hätte oder dass es den Durst gelöscht hätte. Ich habe es nur getrunken, weil der Zucker und das Koffein mir in solchen Situationen geholfen haben, nicht zusammenzuklappen. Meine Frage hierzu: Sollen Kinder überhaupt noch Cola und andere Limonaden trinken dürfen?

> Prof. Halle:

In den USA heißt ein Softdrink »liquid candy«: Ein Liter Cola z.B. enthält nämlich 40 Zuckerstückchen! In einem gekühlten kohlensäurehaltigen Getränk trinkt man sie einfach so weg – aber stellen Sie sich mal die Menge Würfel vor und dass Sie die jetzt essen müssten! Softdrinks enthalten also viele Kalorien und machen dick, dabei stillen sie nicht einmal den Hunger. Die großen Mengen Zucker, die Kinder zu sich nehmen – viele davon sind versteckt, z.B. im Ketchup –, tragen deutlich mehr zum Übergewicht bei als das Fett in den Produkten. Aber Vorsicht: Ein Liter Orangensaft enthält zwar Vitamine und gesunde Inhaltsstoffe, aber auch er enthält 600 Kilokalorien, das entspricht einem Mittagessen! Am besten für Kinder ist einfaches Wasser. Oder eine Apfelschorle, die aber im Verhältnis 1:4 mit Wasser verdünnt worden sein muss.

»Softdrinks wie z.B. Cola enthalten viele Kalorien und machen dick; dabei stillen sie nicht einmal den Hunger.«

> Boris Becker:

Alle Kinder essen gerne Süßigkeiten, ich ja auch heute noch. Ein Stück leckeren selbst gebackenen Kuchen am Nachmittag oder ein Eis zum Nachtisch schmeckt uns allen und scheint mir auch nicht verwerflich. Ich denke immer, wenn schon Süßes, dann sündige ich lieber an dem einen Tag bewusst und esse dafür an den darauffolgenden Tagen wieder weniger davon. Wie aber kann ich meinen Kindern erklären, dass zu viel Zucker schädlich ist?

> Prof. Halle:

Kinder sind nur schwer über das Argument der Gesundheit zu motivieren. Sie können sich Kranksein nur dann vorstellen, wenn sie akut Fieber oder Bauchschmerzen haben. Es ist deshalb wichtig, dass Eltern ein Vorbild sind – weil sie in den ersten Lebensjahren das Essverhalten »konditionieren« und Vorlieben gezielt antrainieren. Kindergarten und Schule können zwar auch eine wichtige Steuerfunktion übernehmen. Aber ganz entscheidend sind die Eltern. Essen schafft von

»Eltern sollten ein Vorbild sein, weil sie in den ersten Lebensjahren das Essverhalten und die Vorlieben antrainieren.«

der Geburt an eine enge Verbindung zwischen Eltern und Kind, z.B. wenn ein Säugling gestillt wird. Babys lernen über den Hunger zu kommunizieren. Später kann ein gemeinsames Mahl ein ganz wichtiger Rahmen im Familienleben sein. Kinder lernen ihre Bedürfnisse zu kontrollieren, Neues auszuprobieren, mit anderen zu teilen und Regeln einzuhalten. Umgekehrt hat es fatale Folgen, wenn die Kinder zu Hause das Falsche angeboten bekommen. Ich bin überzeugt, den Kindern ist es völlig egal, was sie essen, wenn sie früh genug lernen, aus einem gesunden Angebot zu wählen. Später – und das fängt schon mit etwa 8 Jahren an – wird es viel schwieriger, falsche Essgewohnheiten wieder zu korrigieren.

> Boris Becker:

An verregneten Nachmittagen sitzen die Kinder und ich manchmal gemütlich beisammen und schauen uns einen Film im Fernsehen an. Ich wundere mich dann oft bei den unvermeidlichen Werbeunterbrechungen, wie viele spezielle Lebensmittel für Kinder dort angepriesen werden. Sollte man das nicht per Gesetz verbieten?

> Prof. Halle:

Kinderlebensmittel sind Verbrauchertäuschung. Nehmen Sie z.B. die viel gepriesenen Getreideprodukte für das Frühstück: Hinter dem Begriff »Müsli« verbergen sich alle möglichen Nahrungsmittel, auch solche, die vor allem aus Zucker, Fett und Schokolade bestehen. Eltern müssen erst mal begreifen, was ein klassisches Müsli aus Haferflocken, Milch, Nüssen und Äpfeln von solchen Snacks unterscheidet, die ich eher als Süßigkeiten bezeichnen würde. Sonst sind sie eine leichte Beute für die Werbung. In anderen Ländern ist die Reklame für Kinderlebensmittel untersagt – auch, dass Prominente für Produkte werben, die vor allem Kinder essen oder kaufen. Ein Verbot könnte auch bei uns sehr hilfreich sein.

»In anderen Ländern ist die Reklame für Kinderlebensmittel untersagt. Ein Verbot könnte auch bei uns hilfreich sein.«

> Boris Becker:

Magersucht ist ebenfalls ein Problem unserer Kinder geworden, vor allem eines der heranwachsenden Mädchen. Dabei wird oft hervorgehoben, dass die immer dünneren Topmodels ein schlechtes Vorbild seien. Ich habe ja auch eine 7-jährige Tochter, deren Mutter ein Model ist. Anna tanzt gerne, geht zum Ballett und ist ziemlich athletisch gebaut. Ihre Mutter achtet sehr auf ihre Ernährung, damit sie nicht zunimmt. Doch wenn Anna zu mir kommt und mit den Söhnen zusammen ist, isst sie manchmal wie ein Scheunendrescher. Müssen Kinder denn richtig schlank sein?

> Prof. Halle:

Diäten sind gefährlich, weil sie zu einer gestörten Körperwahrnehmung führen können. Sie verfälschen das natürliche Hunger-

und Sättigungsgefühl. Schon sehr viele Kinder achten heutzutage auf ihr Gewicht, aber das führt meistens nur dazu, dass ihr Körper mal zu viel und dann wieder zu wenig bekommt. Langfristig machen Diäten dick – weil der Körper sich mit dem berühmten Jo-Jo-Effekt rächt und die Nahrung ganz besonders effizient ausnützt. Diäten sind auch ungesund: Studien zeigen, dass Dicke, die sich viel bewegen, länger leben als Dünne, die ständig Diäten machen.

> Boris Becker:
Warum tut die Gesellschaft nicht mehr für die Gesundheit der Kinder?

> Prof. Halle:
Es gibt ein Aktionsprogramm der Bundesregierung: »Gesundheitliche Prävention, Ernährung und Bewegung«. Doch was die Gesundheitserziehung angeht, so sind wir in Deutschland zu wenig kompromisslos. Die Chance, durch den Ausbau von Ganztagsschulen auch ein gesundes Mittagessen anzubieten wird in der Praxis verspielt. Während es z.B. in Finnland genaue Vorgaben über die Inhalte eines gesunden Mittagessens gibt, ist eine solche Mahlzeit bei uns nicht mal Bestandteil des Schulgesetzes. Es interessiert den Staat schlicht nicht, was Kinder tagsüber unter seiner Obhut essen.

> Boris Becker:
Sehr oft erlebe ich, dass man in anderen Ländern Kindern gegenüber viel offener ist. Man freut sich über Kinder, sie werden gar nicht als Last empfunden, sondern als Glück. Das ist in Deutschland anders. Was läuft da bei uns schief?

> Prof. Halle:
Unsere Gesellschaft ist nicht im Geringsten kinderfreundlich. Ein Symptom dafür ist, dass viele Schulhöfe, auf denen Kinder sich nachmittags austoben, spielen und Sport treiben könnten, nach dem Unterricht nicht mehr geöffnet sind. Dabei wären sie wertvolle Rückzugsräume in dieser kinderfeindlichen Umgebung. Was nützen uns Erlasse des Kultusministeriums über Ernährungserziehung in der Schule, wenn gleichzeitig diese Konzepte in den einzelnen Schulen nicht umgesetzt werden und es niemanden gibt, der die Kinder dort gesund versorgt.

»Viele Schulhöfe wären in einer kinderfeindlichen Umgebung wertvolle Rückzugsräume am Nachmittag.«

> Boris Becker:
In Deutschland muss man sich entscheiden zwischen Sport und Schule, zumal wenn es, wie in meinem Fall, kein Sportinternat in der Nähe gibt. In den USA oder Großbritannien hingegen bekommst du eine kostenlose Collegeausbildung oder einen Platz an einer Eliteuniversität, wenn du herausragende sportliche Leistungen bringst. Ich jedoch musste, um ein Weltklassespieler werden zu können, mit 15 Jahren von der Schule abgehen. Warum hat neben der

Besser nur ganz selten essen: Pommes frites mit Ketchup und Mayonnaise sind leider so ungesund wie ihr Ruf.

Gesundheit und der Ernährung der Kinder auch der Sport keinen Stellenwert in unserer Gesellschaft?

> Prof. Halle:
Den deutschen Schulen fehlen ganzheitliche Erziehungskonzepte. Wichtige Themen wie Ernährung oder Bewegung haben keine Priorität. Anstatt analytische Fächer, künstlerische Erziehung und Sport zu verbinden, werden sie in spezialisierten Schulzweigen sogar noch künstlich voneinander getrennt. Und die Wertigkeit von Sport wird nicht gesehen. Das scheint mir wirklich eine speziell deutsche Sache zu sein. Mathematik und Physik, das ist uns wichtig, aber Bewegung und Leistungsvergleich im Sport, das ist nicht bedeutend genug. Vielleicht sind wir Deutschen einfach zu kopflastig. Wir reden so viel über Leistung, aber die körperliche gehört nicht dazu.

> Boris Becker:
Durch Sport bekommt man ein ganz anderes Körperbewusstsein, allein schon deshalb kann Sport als Prävention dienen. Man spürt, was guttut und was nicht. Wie kann man Kinder trotz dieser unsportlichen Gesellschaft zu gesundem Verhalten erziehen und ihnen beibringen, ihren Körper und ihre Bedürfnisse genau zu spüren?

> Prof. Halle:
Man muss spielerisch ihren Ehrgeiz wecken. Prävention funktioniert nämlich nur, wenn man lernt, mit wenig Aufwand möglichst viel Gesundheit zu erzielen. Ballspiele sind dafür im Kindes- und Jugendalter ein hervorragendes Mittel: Sie verknüpfen Bewegungsabläufe, schulen die Geschicklichkeit und stärken den Teamgeist. Motivation ist dabei ein ganz wichtiges Thema. Man sollte den Kindern Erfolgserlebnisse ermöglichen und realistische Ziele setzen. Überzogener Ehrgeiz erreicht das Gegenteil des gewünschten Erfolgs. Wir haben in einem Projekt Kinder zu »Gesundheits-Coachs« ausgebildet und damit gute Erfolge erzielt: Indem sie nach Hause gehen und den Lebensstil ihrer Eltern erkunden, lernen sie gleichzeitig, auch selbst besser mit ihrem Körper umzugehen – weil sie durch ihre neue Aufgabe motiviert sind.

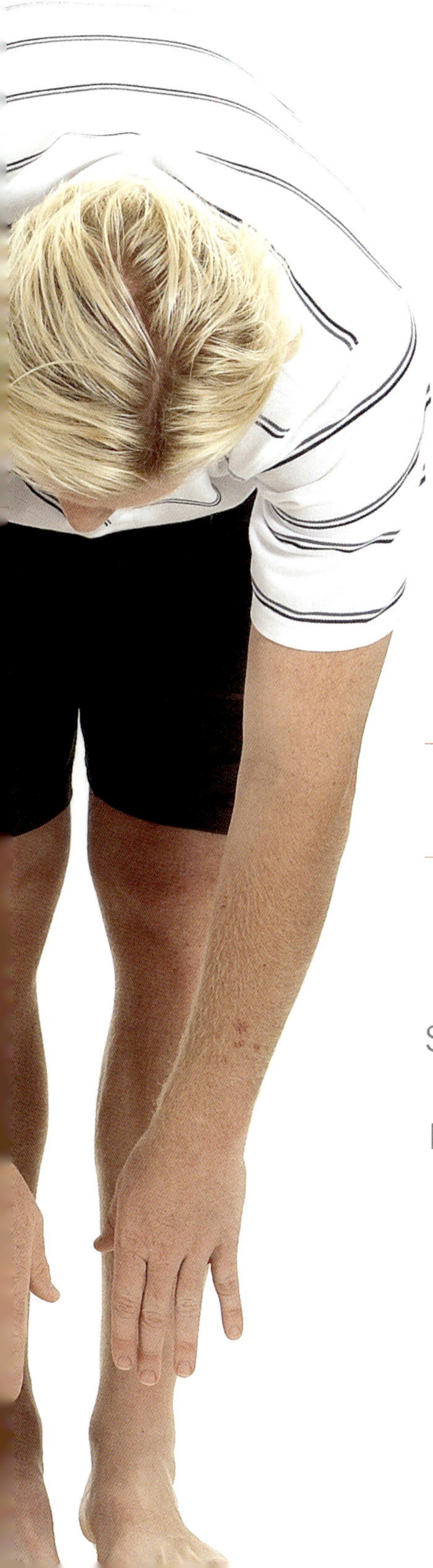

Fit fürs Leben durch Sport

Eltern wünschen sich, dass aus ihren Kindern gesunde, glückliche Erwachsene werden. Sie können viel dazu beitragen. Finden Sie mit dem Test heraus, wie es um die Fitness Ihrer Kleinen bestellt ist. Mit Übungsprogramm und Tipps für Bewegungsmuffel.

Warum mir Sport so wichtig ist

Sport hat in meinem Leben schon von klein auf eine große Rolle gespielt. Sport ist nicht nur für Fitness und Gesundheit enorm wichtig, er schafft es, dass man sich körperlich und geistig wohler fühlt. Das habe ich an mir selbst immer wieder erlebt, und darum bin ich sehr dankbar, dass meine drei Kinder gerne Sport treiben und echte Bewegungstalente sind. Vor allem die Jungs sind dauernd Ball spielend unterwegs, während Anna ihre Ballettstunden liebt.

Ich beobachte aber immer öfter, auch im Freundeskreis, dass viele Kinder heute weniger aktiv sind, als wir es früher waren. Besonders Kinder aus Großstädten haben oft nicht mehr die Möglichkeit, ihren natürlichen Bewegungsdrang auszuleben. Und auch später, in der Schule, hat der Stellenwert von Sport nachgelassen. Kein Wunder also, wenn Kinder heute wichtige motorische Voraussetzungen nicht mehr erfüllen können. Mir ist es deshalb ein persönliches Anliegen, die körperliche Entwicklung von Kindern zu fördern und so habe ich vor allem aus diesem Wunsch heraus die Becker-Cleven-Stiftung mit begründet, die sich durch ihre sportlichen Initiativen für Kinder und Jugendliche und ihre Fit-4-Future-Aktivitäten sehr bewährt hat.

Mein Sport-Kompetenzteam

Gemeinsam mit Helmut Hoffmann, Sportwissenschaftler und Leiter der Sporttherapie des Eden-Reha-Zentrums bei Regensburg, habe ich für dieses Buch Tests ausgearbeitet, die Eltern eine Einschätzung geben sollen, wie gut es um die sportlichen »Grundkenntnisse« ihrer Kinder steht. Zwar gibt es bereits jede Menge wissenschaftlicher Untersuchungen dazu, wir wollten den Eltern jedoch einfache Tests an die Hand geben, die sie mit ihren Kindern zu Hause ohne großen Material- und Zeitaufwand, aber mit viel Spaß, durchführen können. Zudem haben wir uns noch ziemlich lustige, aber gezielte Übungen ausgedacht (haben auch meine Söhne mit Begeisterung gemacht), damit Sie gemeinsam mit Ihren Kindern trainieren können.

Natürlich habe ich auch überlegt, wie man Kinder, die gar keinen Zugang zum Sport haben, zu mehr Aktivität bewegen kann – das ist ja auch ein wichtiges Anliegen der Laureus-Stiftung, für die ich mich engagiere. Über das Problem, Kinder vom Computer wegzuholen, habe ich mit dem Sportwissenschaftler und -pädagogen Professor Alexander Woll von der Universität Konstanz gesprochen. Ich bin beiden Sportwissenschaftlern sehr dankbar, dass wir für dieses Buch gemeinsam Ideen für kleine und größere Bewegungsmuffel entwickelt haben, um sie fitter zu machen in einer Welt, in der man nicht nur geistig am Ball bleiben muss, sondern eben auch mit dem Fuß, der Hand und dem Kopf.

Wie fit ist Ihr Kind?

Was sollen Kinder in welchem Alter können? Mit diesem Test finden Sie auf spielerische Weise heraus, wie es um die Fitness Ihres Kindes bestellt ist und wie es im Vergleich zu Gleichaltrigen abschneidet. Lesen Sie hier, wie Sie die sportlichen Fertigkeiten Ihres Nachwuchses richtig bewerten.

Kinder haben einen natürlichen Bewegungsdrang – doch für das Herumtollen, das Klettern, Springen oder Balancieren fehlt in unserer Gesellschaft der Raum. Das beeinträchtigt die gesunde Entwicklung – egal ob es um den Körper, die Intelligenz oder die seelische Reife der Kinder geht. Was also tun?

Vielen Eltern ist das Problem bewusst, aber sie sind unsicher, was ihre Kinder wann können sollten und welches Bewegungsangebot für die jeweilige Altersstufe das richtige ist. Wir haben deshalb einen Fitness-Test entwickelt, der Ihnen zeigt, wo Ihr Kind steht, wenn es um die Beweglichkeit geht, und wie es im Vergleich mit Gleichaltrigen abschneidet.

Alle Aufgaben beruhen auf einer wissenschaftlich gesicherten Datenlage. Einige der in Studien überprüften Bewegungsaufgaben mussten wir allerdings leicht modifizieren, damit dieser Test für Familien zu Hause ohne großen Aufwand und Kosten ausgeführt werden kann.

Was der Test leistet

Die folgenden Aufgaben erlauben nicht nur, den aktuellen Entwicklungsstand Ihres Kindes richtig einzuschätzen. Sie können mit ihrer Hilfe Ihr Kind auch über einen längeren Zeitraum begleiten: von der Vorschule bis ins spätere Teenager-Alter. Dabei haben wir je nach Entwicklungsschritt vier wichtige Altersgruppen unterschieden: die Vier- bis Fünfjährigen (Kindergarten und Vorschule), die Sieben- bis Elfjährigen (Grundschule), die Zwölf- bis Fünfzehnjährigen (Pubertät) und die Jugendlichen ab 16 Jahren (siehe Seiten 120 bis 203).

Es kam uns bei den Tests vor allem auf fünf Basiskriterien bzw. Fertigkeiten des Sports an: auf Koordinationsfähigkeit, feinmotorisches Geschick, Gleichgewichtssinn, Reaktionsfähigkeit und Muskelkraft. Die Anzahl der Sternchen oben auf der Seite sagen Ihnen, welche dieser Kriterien in welchem Ausmaß erforderlich sind.

So führen Sie den Test richtig aus

> **Möglichst spielerisch:** Kein Kind lässt sich gerne beurteilen, schon gar nicht, wenn das die eigenen Eltern vorhaben. Gerade bei den Kleinen zwischen vier und sechs Jahren erreichen Sie am meisten, wenn das Kind gar nicht wahrnimmt, dass es getestet wird. Gehen Sie daher am besten die Bewegungsaufgaben ganz spielerisch an, fragen Sie es, ob ihm diese oder jene Bewegung gelingt oder machen Sie die Übung zuerst einmal zusammen. Jeder auch noch so kleine Erfolg ist ein Lob wert.

Größere Kinder entwickeln schon Ehrgeiz und lassen sich deshalb wesentlich leichter zu einem Test motivieren. Noch mehr Spaß macht es ihnen, wenn Sie die Übungen mit mehreren Kindern gleichzeitig durchführen, z. B. mit gleichaltrigen Freunden. Bei Geschwistern müssen Sie klarstellen, dass das Alter Einfluss auf die Geschicklichkeit hat, und die Ergebnisse natürlich auch getrennt auswerten.

> **Kein falscher Elternstolz:** Versuchen Sie, den Test möglichst objektiv anzugehen. Eitelkeit hilft weder bei der Durchführung noch bei der Auswertung weiter. Denn sonst machen Sie sich hinsicht-

Gehen Sie den Test spielerisch an: Gemeinsam machen die Liegestütze gleich doppelt so viel Spaß.

lich der Entwicklung Ihres Kindes ein falsches Bild. Sie setzen dadurch Ihre Kinder nur unter Druck, den Erwartungen der Erwachsenen gerecht zu werden.

> **Die Auswertung:** Grüne, gelbe oder rote Smileys zeigen Ihnen bei jeder Bewegungsaufgabe auf einen Blick, wie Ihr Kind abgeschnitten hat.  bedeutet überdurchschnittlich im Vergleich zur Altersgruppe,  ist normal, und  warnt, dass einige der Bewegungsfertigkeiten noch deutlich unterentwickelt sind. Am Ende der verschiedenen Tests finden Sie für jede Altersgruppe weitere Erläuterungen.

> **Bitte nicht überbewerten:** Der Test gibt Ihnen einen ersten Eindruck, wie es um die körperliche Entwicklung Ihres Kindes im Vergleich zu anderen seiner Altersgruppe bestellt ist. Dadurch haben Sie die Chance, frühzeitig etwas gegen eventuelle Entwicklungsverzögerungen zu unternehmen. Bitte überbewerten Sie die Aussagen aber nicht: Ihr Kind hat sich an dem Test-Tag vielleicht nicht wohlgefühlt oder war aus irgendeinem Grund unkonzentriert. Und natürlich kann Ihr Kind auch einfach ein Spätentwickler sein, dann sieht das Ergebnis bei einer Wiederholung nach einiger Zeit schon wieder ganz anders aus. Im Zweifelsfall suchen Sie Rat bei einem Spezialisten.

> **Die Entwicklung verfolgen:** Wenn Sie Ihr Kind über einen längeren Zeitraum beobachten möchten, und den Test wiederholen, achten Sie darauf, dass beim Ausführen der Aufgaben zumindest ähnliche Voraussetzungen vorliegen. Machen Sie die Übungen möglichst immer zur gleichen Tageszeit und vielleicht eher in einer ruhigen Umgebung als mitten im Spiel oder beim Herumtollen.

Die motorische Entwicklung des Kindes optimal fördern

Schon von den ersten Lebensmonaten an entwickelt ein Kind elementare neue Bewegungsfertigkeiten: Es lernt, sich zu drehen und zu greifen, zu sitzen, zu krabbeln, zu stehen und zu laufen. Bis zum dritten Geburtstag hat es begonnen zu balancieren, traut sich, von kleinen Höhen zu springen und schafft es, Bälle mit Händen und seinem Körper zu fangen.

Eltern schenken der motorischen Entwicklung eines Kleinkindes – also der mit dem Lebensalter wachsenden Koordination von Körper und Gehirn – meist große Aufmerksamkeit. Motorische Fähigkeiten können jedoch ein Leben lang trainiert und verändert werden. Die Grundlagen dafür werden allerdings in den ersten Lebensjahren gelegt. Es ist deshalb besonders wichtig, dass Kinder und Jugendliche sich viel bewegen – und dabei körperliche und geistige Fähigkeiten erlernen und weiter ausbilden, die ihrem jeweiligen Entwicklungsstand entsprechen.

Der aktuelle Entwicklungsstand kann jedoch individuell schwanken – nicht nur in den ersten Lebensmonaten, sondern auch in den folgenden Jahren. Hier geben wir Ihnen einen Überblick über die motorischen Entwicklungsschritte in den vier wichtigsten Altersgruppen, die man durch gezieltes Training gut unterstützen kann.

Vier- bis Fünfjährige:

Nach dem Kleinkindalter bis zur Schulreife gewinnen Kinder enorm an körperlicher Stärke: Die Kraft ihrer Hände und Beine verdoppelt sich in etwa. Da das Lungenvolumen jetzt noch relativ klein ist, ist ihre körperliche Ausdauer noch nicht groß: Für eine 1,5 Kilometer lange Strecke braucht ein Fünfjähriger doppelt so lang wie ein 14-Jähriger, zumal er noch nicht über eine gute Laufökonomie verfügt.

Evolution der Sportgeräte

> Mobil sein ist alles

Die Fortbewegung auf Rädern macht auch den Kleinsten schon riesigen Spaß. Das Bobbycar übt als »Flitzklassiker« schon auf Kinder im Alter von einem Jahr großen Reiz aus. Mit den Jahren wird es dann komplexer in der Technik – das Einrad etwa braucht viel Übung, um ohne Umfallen vorwärtsbewegt zu werden. Die größeren Kinder haben Spaß an Radtouren im Gelände.

> **Bobbycar:** 1 bis 3 Jahre

> **Dreirad:** 2 bis 4 Jahre

Das Gehirn, das sich in den ersten Lebensjahren mit enormer Geschwindigkeit entwickelt hat, beginnt nun, sich auf das Wesentliche zu fokussieren, d. h., überflüssige Nervenschaltungen werden aufgegeben. Gleichzeitig verfestigt jede neue Bewegung ein Nervensignal als Muster im Gehirn und schafft damit die Voraussetzung für weiteres Lernen.

Kinder in diesem Alter sind sehr gut beweglich. Bei der Rumpfbeuge kommen sie viel tiefer hinunter als zuvor und sie können auch ihre Beine weiter spreizen. Die mangelnde Streckfähigkeit in den großen Körpergelenken verliert sich. Jetzt kommt es darauf an, diese Beweglichkeit auszubauen. Im vierten und fünften Lebensjahr sollte ein Kind bereits 3 bis 4 Sekunden lang auf einem Bein stehen können, auf Zehenspitzen ungefähr 3 Meter weit gehen und 3- bis 6-mal auf einem Bein hüpfen. Es müsste imstande sein, einen größeren Ball wieder aufzufangen, den es in die Höhe geworfen hat, und auf einer Linie von 2 Metern »balancieren« können, ohne zu oft abzuweichen (mit fünf). Viele neue Erfahrungen werden gespeichert. Bis zum Schuleintritt können die meisten Kinder schwimmen und Fahrrad fahren.

In dieser Phase geht es darum, möglichst kurzweilige und abwechslungsreiche Bewegungsformen anzubieten. Lange Perioden des Sitzens sollen vermieden werden – der natürliche Drang zur Bewegung muss Raum bekommen. Bewegungsaufgaben machen dann am meisten Spaß, wenn sie in Geschichten »verpackt« werden, die die Phantasie anregen und die Fabulierfreudigkeit in diesem Alter fördern. Kindergarten und später die Vorschule lassen zum ersten Mal die Eltern etwas in den Hintergrund treten und verstärken neue soziale Bindungen. In der Gruppe genießt derjenige am meisten Ansehen, der schnell laufen, einen Ball fangen oder gut auf einen Baum klettern kann.

Sieben- bis Elfjährige:

Im Grundschulalter legen die Kinder an Kilos und Zentimetern zu. Im achten Lebensjahr ist ihr Gehirn von seiner Größe her bereits vollständig entwickelt, auch wenn noch nicht alle neuronalen Netze perfekt funktionieren. Das zentrale Nervensystem ist empfindsam und reaktionsstark, aber auch dieses ist

› **Laufrad:** 2,5 bis 4 Jahre

› **Erstes Fahrrad:** ab etwa 4 Jahren

› **Cityroller:** ab etwa 6 Jahren

noch nicht vollständig mit dem restlichen Körper verschaltet. Neue Bewegungsmuster müssen weiterhin oft genug wiederholt werden, um sie langfristig einzuüben. In dieser Phase lässt sich bereits mit Einzeltests feststellen, ob ein Kind sich altersgerecht entwickelt hat und welche individuellen Defizite es aufweist. Die Kinder lassen sich leicht zu Bewegung motivieren – sie haben kurz vor dem Beginn der Pubertät noch ein gutes psychisches Gleichgewicht und eine optimistische Lebenseinstellung.

Zwölf- bis Fünfzehnjährige:

Die enorme hormonelle Umstellung im Körper, die Pubertät, beginnt bei Mädchen etwas früher (etwa mit elf), bei Jungs rund ein Jahr später. Die Geschlechtsorgane wachsen, auch die sekundären Geschlechtsmerkmale prägen sich aus. Bei Jungs führt die intensive Testosteronproduktion zu einem deutlichen Eiweißaufbau und Muskelwachstum. Das Verhältnis der Körperteile zueinander verschiebt sich. Das Gehirn wird durch eine Flut von Botenstoffen überschwemmt, die auch psychische Veränderungen bewirken. Die Jugendlichen lösen sich von den Eltern, stellen deren Autorität in Frage und suchen verstärkt nach ihrer eigenen Identität.

Durch die massiven körperlichen und psychischen Veränderungen vor allem in der frühen Pubertätsphase fühlen sich die Jugendlichen oft in ihrem eigenen Körper unwohl, ihre körperliche und geistige Leistungsfähigkeit sinkt. Normale und bereits gekonnte Bewegungsabläufe müssen durch die veränderten Körperproportionen oft wieder neu erlernt werden. Zwar ist ihre Lernfähigkeit insgesamt weiterhin gut ausgeprägt, doch haben sie kein Interesse mehr an sportlichen Aktivitäten; Scham spielt dabei eine große Rolle. Aufgrund der Disproportionen in diesem Entwicklungsstadium sinkt auch das Koordinationsvermögen.

In diesem Alter lässt sich vor allem die Kondition sehr gut verbessern. Ideal sind deshalb kräftigende Übungen und solche, die die Ausdauer trainieren. Um die Koordinationsfähigkeit zu fördern, bieten sich vor allem spielerische Partnerübungen an, die

Evolution der Sportgeräte

> **Inlineskates:** ab etwa 7 Jahren

> **Mountainbike:** ab 8 Jahren

> **Einrad:** ab 8 Jahren

gleichzeitig auch die Rumpfstabilität unterstützen. Im Übrigen sollte bei allen Übungen das Spielerische immer vor dem Leistungsdruck stehen.

Sechzehn- bis Achtzehnjährige:

Nach der Pubertät stabilisiert sich die körperliche und psychische Verfassung wieder. Die Steuerungsmechanismen der übergeordneten Gehirnzentren bilden sich endgültig heraus und führen nun zu steigender Kontrolle und Ausgeglichenheit. Die Biomechanik des Körpers kommt wieder ins Lot und führt zu einem ausgeglicheneren Verhältnis von Last und Kraft. Das körperliche Leistungsvermögen umfasst nun wieder eine große Bandbreite an Belastungsreizen. Da das zentrale Nervensystem immer noch sehr gut formbar ist, besteht nun eine zweite große Chance, komplexe Bewegungsabläufe zu trainieren – beispielsweise im Training für den Leistungssport. Überprüfen sollte man in diesem Alter, ob die bisherige körperliche Entwicklung harmonisch war, d.h., ob der gesamte Muskelapparat im Gleichgewicht ist (siehe Tests ab Seite 184) und die Symmetrie des Körpers im Lot ist. Denn nur dann braucht der Körper keine kompensatorischen Ausgleichsbewegungen, die zu Fehlbelastungen führen. Und nur wenn keine Körperseite, kein Gelenk oder Muskel überlastet wird, kommt es nicht zu frühen Verschleißerscheinungen und der junge Erwachsene hat gute Chancen, bis ins hohe Alter körperlich leistungsfähig zu bleiben.

Ideale Übungsform für dieses Alter ist das sogenannte »Functional Training« (siehe Tests und Übungen ab Seite 184 und 194), eine Trainingsform, bei der statt einzelner Muskeln Bewegungsabläufe trainiert werden. Damit der jugendliche Körper lernt, Bewegungen besser auszubalancieren, fördert diese Trainingsform insbesondere die Rumpfstabilität. Außerdem sorgt Functional Training auch gezielt für eine muskuläre Balance und für eine gleichmäßige Mobilisaton der beteiligten Gelenke. Mit den Übungen können Jugendliche langfristig nicht nur Fehlbelastungen vorbeugen, sondern sich auch auf schonende Weise auf andere Sportarten vorbereiten.

> **Skateboard:** ab 8 Jahren

> **Radsport:** ab 12 Jahren

Wie bewegen sich Kinder heute?

> Das wissenschaftliche Kompetenzteam: Fragen von Boris Becker an Prof. Dr. Alexander Woll

Alexander Woll, Professor für Sportwissenschaft an der Universität Konstanz, ist passionierter Tennisspieler und stammt selbst aus der Region zwischen Karlsruhe und Heidelberg, in der Boris Becker, Steffi Graf und Anke Huber ihr Talent als Tennisprofis entwickelten. Gemeinsam mit Klaus Bös, Sportwissenschaftler an der Universität Karlsruhe, hat Woll Studien über die Motorik von Kindern und Jugendlichen verfasst und unter anderem an der KiGGS-Studie mitgearbeitet, der ersten umfassenden Datenerhebung zur Gesundheit von Kindern und Jugendlichen in Deutschland.

> Boris Becker:

Mir ist aufgefallen, dass viele Kinder, mit denen ich zusammenkomme, ganz einfache Bewegungen nicht mehr schaffen. Sie sind beispielsweise nicht in der Lage, einen Tennisball mit einer Hand zu fangen oder einen Purzelbaum zu schlagen. Warum können Kinder heute häufig nicht mehr das, was für uns im gleichen Alter noch ganz selbstverständlich war?

> Prof. Woll:

Wir beobachten leider schon seit vielen Jahren, dass Kinder immer weniger können, wenn es um Körper und Koordination geht. In 25 Jahren hat ihre Leistungsfähigkeit um etwa 10 Prozent abgenommen. Das ist allerdings ein Durchschnittswert – im Detail gibt es da große Unterschiede. Zum Beispiel deuten manche Studien bei der Feinmotorik sogar auf einen Leistungszuwachs – vermutlich weil Computerspiele und Handys die Fingerfertigkeit wie auch Schnelligkeit in der Wahrnehmung trainieren. Ansonsten sieht es aber leider eher düster aus: Über ein Drittel der deutschen Kinder und Jugendlichen ist nicht mehr in der Lage, zwei oder mehr Schritte rückwärts zu balancieren. Beim Weitsprung aus dem Stand haben sich die Leistungen in den letzten 30 Jahren nicht nur um 10, sondern sogar um 14 Prozent verschlechtert – allerdings liegt das auch daran, dass viele Kinder heute auch schwerer als früher sind und deshalb nicht mehr so weit springen können.

> Boris Becker:

Stimmt es also, dass die Kinder insgesamt nicht mehr die Fitness haben, die wir einst hatten?

> Prof. Woll:

Da findet eine ähnliche Entwicklung wie im Bildungsbereich statt: Die Schere geht immer weiter auseinander. Mindestens zwei Drittel der Kinder sind genauso fit wie die Kinder vor 20 Jahren, die besonders trainierten von heute sind sogar noch sportlicher als damals. Das liegt daran, dass Talente heute früher und gezielter gefördert werden als in unserer Generation. Am anderen Ende der Skala aber hat der Anteil der motorisch auffälligen Kinder spürbar zugenommen. Außerdem fehlen generell viele Grundfertigkeiten wie Klettern, Balancieren, Hüpfen oder Hangeln, während spezielle, sportartspezifische Techniken oft besser beherrscht werden als damals. Ein Kind kann etwa durchaus in der Lage sein, eine technisch perfekte Rückhand zu spielen, doch es scheitert an der Aufgabe, einen Ball, den es in den Baum geschossen hat, von dort wieder herunterzuholen. Denn dafür ist keine Technik nötig, sondern Kraft und Koordination.

> Boris Becker:

Einen Nachmittag ohne Bewegung – das gab es bei mir und meinen Freunden einfach nicht. Und der Begriff hyperaktive Kinder war uns unbekannt. Heute finden sich oft schon drei, vier Kinder pro Klasse mit dieser Diagnose. Wie muss man sich diese Zunahme erklären? Könnte es sein, dass viele dieser angeblich zappeligen Kinder in Wahrheit nur zu wenig Gelegenheit haben, sich ungehindert zu bewegen, oder wäre das ein zu simpler Schluss?

> Prof. Woll:

Überhaupt nicht. Mit der Diagnose der Hyperaktivität ist man heute sehr schnell bei der Hand: In den USA nimmt inzwischen jedes dritte Kind das beruhigende Medikament Ritalin. Unter einem Zappelphilipp-Syndrom – oder Aufmerksamkeitsdefizit-Syndrom mit Hyperaktivität (ADHS), wie das medizinisch genannt wird – leiden aber klinisch nachweisbar nur 1 bis 2 Prozent der Kinder. Die Mehrheit bekommt dieses starke Nervenmittel also verabreicht, ohne tatsächlich hyperaktiv zu sein.

»Das allerbeste Medikament für vermeintlich hyperaktive Kinder ist ohne Zweifel die Bewegung.«

Die Ursache für das Überdrehtsein sind in den meisten Fällen nicht Störungen der Hirnentwicklung. Vielmehr liegt das an überhöhtem Bildschirmkonsum, an Reizüberflutung und an der enormen Bewegungsarmut. Wenn man diesen vermeintlich hyperaktiven Kindern zu regelmäßiger Bewegung verhilft, statt sie mit Ritalin zu behandeln, erzielt man denselben Therapieerfolg. Das ist inzwischen sogar wissenschaftlich belegt. Kinder, die körperlich aktiv sind, werden auch weniger von Kopf- oder Bauchschmerzen geplagt. Nur ist mitunter schneller Abhilfe durch ein Medikament geschaffen und daher mag es auch für Ärzte und Eltern bisweilen ein bequemerer Ausweg sein, als hyperaktiven Kindern die für sie erforderliche Bewegung zu verschaffen.

> Boris Becker:

Wenn meinen Kindern langweilig ist oder sie sich kaum vom Computer oder vom Fernseher weglocken lassen wollen, dann gehe ich immer mit ihnen raus. Es ist wirklich unglaublich, wie sich die Laune ändert, wenn wir nur eine Stunde Basketball spielen, kicken oder herumtoben. Meine Söhne sind dann wie ausgewechselt: Sie strahlen, sind unternehmungslustig und haben einen Riesenhunger. Woher kommt dieser Stimmungswechsel? Was passiert da eigentlich im Körper eines Kindes, wenn es herumtobt?

> Prof. Woll:

Da passiert jede Menge, und die Wirkungen reichen bis in die kleinste Zelle. Denn der ganze Körper wird durch die Bewegung besser durchblutet und dadurch auch besser mit Sauerstoff versorgt. Muskelfasern werden gestärkt, Knochen gekräftigt. Die einzelnen Muskelfasern und Muskelgruppen werden trainiert und arbeiten dadurch effizienter zusammen, der gesamte Energiestoffwechsel kommt in Schwung, und die Lungen können den Sauerstoff viel besser verwerten. Außerdem stimuliert die Bewegung auch das Nervensystem. Lange Zeit hat man den Zusammenhang zwischen körperlicher Aktivität und Gehirnentwicklung nicht in seinem vollem Ausmaß erkannt. Heute aber wissen wir, dass die beiden Bereiche sehr eng miteinander verknüpft sind – besonders in den ersten Lebensjahren. Da werden im Gehirn die Grundlagen für das Lernen gelegt – die neuronalen Netze bilden sich aus. Kinder, die sich viel bewegen, können aber auch später viel besser denken. So steigt beispielsweise schon bei einer Ausdauerleistung von 50 bis 100 Watt auf einem Fahrrad die Gehirndurchblutung um 10 bis 15 Prozent. Und bereits 20 Minuten Zusatzsport täglich kann die Konzentrationsfähigkeit der Kinder fördern, wie Erfahrungen mit der »Bewegten Schule« zeigen. Das ist eine Form von Unterricht, bei dem die Schüler nicht ständig still sitzen, sondern sich viel bewegen dürfen – sie lernen z.B. mithilfe von Bewegungsspielen Vokabeln. So wird nicht nur die Beweglichkeit des Körpers gefördert, sondern auch in hohem Maße die Beweglichkeit des Geistes.

»Lange Zeit hat man den Zusammenhang zwischen körperlicher Aktivität und Gehirnentwicklung vernachlässigt.«

> Boris Becker:

Ist Bewegung für Kinder also noch wichtiger als für uns Erwachsene?

> Prof. Woll:

Bewegung ist die Grundvoraussetzung für eine gesunde motorische Entwicklung. Aus diesem Grund ist sie im Kindesalter noch wichtiger als später. Jede körperliche Funktion – sei es Gehen, Laufen, Springen oder Radfahren – entwickelt sich nur dann, wenn sie auch geübt wird. Der menschliche Körper reagiert auf jede Herausforderung, er passt sich dieser an und erreicht ein neues

Viele Kinder freuen sich, sobald ein Kletterbaum in Sicht ist. Doch hoch kommt nur, wer fit ist.

Niveau des Könnens. Gleichgültig ob Sie als Kind Kraulen oder Kartoffelschälen lernen – es wird mit jeder Übungseinheit, mit jedem Bewegungsreiz ein bisschen besser gelingen – das muss ich Ihnen als ehemaligem Profisportler ja nicht erzählen. Sie haben ja auch sehr früh angefangen, mit dem Tennisschläger umzugehen. Anders hätten Sie Ihre spektakulären Erfolge nie erzielen können. In jeder Wachstumsphase benötigen Kinder solche Bewegungsreize, um ein Stück weiterzukommen und die Bewegungsmuster in ihrem motorischen Gedächtnis zu speichern. Das fängt schon im Babyalter an, wenn ein Kind lernt, den Kopf zu heben, zu greifen oder sich auf den Bauch zu rollen. Jeder Blick, jeder Griff schult gleichzeitig die Sinneswahrnehmung und stärkt Kraft, Ausdauer, Beweglichkeit und Schnelligkeit. Und Erfolg motiviert: Wer spürt, dass sich etwas verändert und er durch eigene Anstrengung Fortschritte macht, lebt bewusster und wird selbstbewusster. Im Gehirn werden Botenstoffe freigesetzt, die Glücksgefühle vermitteln und zum Weitermachen anregen. Diesen beflügelnden Effekt kennen Sie vermutlich von Ihren Siegen. Wenn es um Sport geht, ist Motivation besonders wichtig: Bewegungsarme Kinder, auch das zeigen unsere Studien, können Sport als enorm frustrierend erleben, wenn sie keinen einfühlsamen Sportlehrer oder Trainer haben.

> Boris Becker:

Mein jüngster Sohn Elias wirkt manchmal wie aufgezogen. Er kann kaum still sitzen, hüpft, springt und flitzt durch die Gegend. Ich muss ähnlich gewesen sein als Kind, und meine Eltern haben mir jede Gelegenheit gegeben, diesen kindlichen Bewegungsdrang auszuleben. Viele Kinder haben diesen natürlichen Bewegungsdrang heute aber gar nicht mehr. Was läuft da in unserer Gesellschaft schief, dass eine bewegte Kindheit längst nicht mehr das Normalste der Welt ist?

> Prof. Woll:

Das hat eine Vielzahl von Ursachen. Auf der einen Seite hat die Motorisierung dazu geführt, dass man heute höchst mobil sein kann, ohne sich körperlich bewegen zu müssen. Auf der anderen Seite ist zu Fuß gehen mittlerweile selten geworden. Durch das hohe Verkehrsaufkommen sind auch viele alltägliche Bewegungsräume wie etwa die Straße vor dem Haus oder als Spielplatz eine freie Wiese um die Ecke verschwunden. Viele Untersuchungen belegen aber, dass die körperliche Aktivität stark davon abhängt, ob es in der näheren Wohnumgebung einen Spielplatz oder eine Bolzwiese zum Toben

»Haben Sie schon mal versucht, Ihr Kind mit Hausarrest zu bestrafen? Heute ist das eher eine Belohnung.«

gibt. Je höher eine Familie in einem Hochhaus wohnt, desto weniger bewegen sich die Kinder – auch dazu gibt es Studien. Fachleute sprechen von der »Verinselung« von Lebenswelten. Anders als früher ist die Kindheit heute stark durchorganisiert. Spielzeiten müssen genau geplant und arrangiert werden, auch weil die dafür verfügbare Zeit durch Nachmittagsunterricht und -kurse insgesamt weniger geworden ist. Spontane Aktivitäten mit Bewegung sind heutzutage deshalb eher die Ausnahme geworden. Die Kinder werden von Erwachsenen oft mit dem Auto von einer »Insel« zur anderen gebracht, ohne dass sie die Möglichkeit haben, unterwegs zu springen, zu hüpfen, zu trödeln oder zu klettern. Und haben Sie schon mal versucht, Ihr Kind mit Hausarrest zu bestrafen? Heute ist das ja eher eine Belohnung. Was natürlich auch daran liegt, dass man draußen nicht mehr auf Spielpartner trifft. Zu unserer Zeit ging man auf den Fußballplatz und wusste, da sind viele Kinder mit denen man spielen konnte.

> Boris Becker:

Ich selbst bin nie von meiner Mutter in die Schule chauffiert worden. Und mein Vater hat mich nicht ein einziges Mal abgeholt. Ich würde das bei meinen Kindern natürlich gerne genauso halten, aber in den großen Städten geht das heute kaum noch. Werden Kinder heute zu viel gefahren?

> Prof. Woll:

Den Eindruck könnte man jedenfalls bekommen, wenn man die allmorgendlichen Verkehrsstaus vor Kindergärten und Schulen sieht, die durch den elterlichen Fahrdienst entstehen. Die Motive sind unterschiedlich. Die meisten Eltern führen tatsächlich die Risiken im Verkehr als Grund an, wenn man sie fragt, warum sie ihr Kind nicht mit dem Fahrrad oder zu Fuß losschicken. Aber oft stehen sie auch selbst unter erheblichem Zeitdruck und wollen ihr Kind »schnell« absetzen, wenn sie auf dem Weg in die Arbeit sind. Der Druck in Richtung schneller Mobilität hat zugenommen. Er führt dazu, dass

»Wir haben uns daran gewöhnt, mit den Kindern den Aufzug oder die Rolltreppe zu nehmen, statt Treppen zu steigen.«

ältere Geschwister eben nicht mehr neben dem Kinderwagen herlaufen müssen, sondern auf kleinen Trittbrettern mitgefahren werden oder Babys über Stunden angeschnallt in Autositzen oder Wippen zubringen. Auf diese Weise verschwindet diese selbstverständliche Alltagsbewegung, mit der Sie und ich noch aufgewachsen sind. Dass es auch anders geht, zeigen Initiativen wie »Walking Bus«: Mehrere Kinder gehen gemeinsam zur Schule oder Kindertagesstätte und werden dabei von einem Erwachsenen beaufsichtigt. Eine simple Hilfe wäre auch bereits schon, statt des Aufzugs oder der Rolltreppe einfach mal die Treppen zu benutzen – mit und ohne Kinder.

> Boris Becker:

Kleinere Verletzungen waren bei mir früher häufig: Ich habe mir als Kind die Knie und Ellbogen aufgeschlagen beim Baumklettern oder Fahrradfahren oder bei einem Ski-Abfahrtsrennen die Nase gebrochen. Als Erinnerung sind mir insgesamt 15 Narben geblieben. Meine Eltern hatten trotzdem das Vertrauen, dass ich mich nicht ernsthaft verletze. Heute sieht man das immer seltener, dass Kinder mal eine Narbe am Knie oder an der Stirn haben. Bremst sie die Angst der Eltern?

> Prof. Woll:

Viele Eltern sind heute überängstlich und versuchen, ihren Nachwuchs so weit wie möglich vor der Umwelt zu schützen, indem sie jedes Risiko ausschließen wollen. Diese Überbehütung erreicht jedoch das Gegenteil: Indem sie verhindert, dass Kinder ihre eigenen – mitunter auch schmerzhaften – Erfahrungen sammeln, haben diese es schwerer, mit Risiken richtig umzugehen. Ein aufgeschlagenes Knie gehört einfach zu einer normalen Kindheit. Kinder müssen ihre Grenzen austesten können, um Selbstbewusstsein und Geschicklichkeit zu erlangen. Man muss mal eine Rolle rückwärts ausprobiert haben, um zu wissen, ob man das beherrscht – oder eben nicht. Und man muss als Kind auch Erfahrungen sammeln dürfen, ohne ständig unter der Beobachtung von Eltern oder Erziehern zu stehen.

> Boris Becker:

Trotz der vielen kleineren und größeren Blessuren, die ich mir schon als Kind zuzog, habe ich mich später während meiner Profisportlerzeit nicht ein einziges Mal wirklich schwer verletzt. Das hat viele erstaunt. Aber ich bin überzeugt, dass es daran liegt, dass ich von klein auf so viel körperliche Erfahrungen in den unterschiedlichsten Sportarten gesammelt habe.

Wer ist stärker? Zusammen toben, raufen und sporteln – ein Vergnügen, das selbst Stubenhocker ins Freie lockt.

Gibt es Erkenntnisse darüber, inwiefern Sport auch die Gefahr von Unfällen und Verletzungen bei Kindern senkt?

> Prof. Woll:
Ich habe selbst mit Kollegen von der Universität Karlsruhe eine Untersuchung mit Grundschulkindern zu diesem Thema gemacht. Zwar konnten wir nicht belegen, dass sportlich aktive Kinder weniger Unfälle haben als passive Kinder. Aber obwohl die aktiven Kinder sich mehr bewegen, sind sie nicht signifikant häufiger verletzt als die Kinder, die nur herumsitzen. Und eine neue empirische Studie bestätigt die These, dass die Verletzungen bei aktiven Kindern meist glimpflicher abgehen als bei eher passiven, die sich meist schon in Alltagssituationen verletzen. Das liegt daran, dass sportliche Kinder durch ihre vielen körperlichen Erfahrungen auch sicherer und geschickter sind und ihre Wahrnehmung besser ist. Davon profitiert ein Mensch sein ganzes Leben lang. Auch sind aktive Kinder in der Regel wesentlich gesünder. Ihr Immunsystem wird durch die Bewegung im wahrsten Sinn des Worts auf Trab gebracht.

> Boris Becker:
In den USA gehören dicke Kinder schon lange zum Straßenbild. Auch in Deutschland sollen mittlerweile an die 15 Prozent der Kinder und Jugendlichen übergewichtig sein. Welche Gefahren drohen hier? Hängt das nicht auch mit der Bewegungsarmut zusammen?

Vor allem männliche Jugendliche messen sich gerne mit viel Spaß beim Boxen oder Toben.

> Prof. Woll:
Übergewicht ist auch in Europa eines der buchstäblich schwerwiegendsten Probleme im Kindes- und Jugendalter. Von den rund 1,9 Millionen zu dicken deutschen Kindern ist ein Drittel sogar krankhaft fettleibig. In manchen Städten hat sich das Übergewicht bei bestimmten Schülerjahrgängen in den vergangenen 15 Jahren verdoppelt und verdreifacht. Die Wahrscheinlichkeit, dass ein bewegungsarmes Kind dick wird, ist 2- bis 3-mal höher als bei einem aktiven Kind. Und das Risiko, dass aus übergewichtigen Kindern übergewichtige Erwachsene werden, liegt bei etwa 80 Prozent. Außerdem wissen wir aus Schuleingangsuntersuchungen, dass jedes zweite Kind inzwischen eine Haltungsschwäche aufweist – auch das hat in den letzten Jahren massiv zugenommen. Ähnliches

gilt für die Verhaltensauffälligkeiten bei Kindern, die Unruhe, über die wir bereits gesprochen haben. Falsche Ernährung und schwierige familiäre Situationen spielen dabei auch eine wichtige Rolle.

> Boris Becker:

Gelegentlich kommen Freunde meiner Kinder zu Besuch, die deutlich zu viel auf den Rippen haben. Und wenn sie dann abends von ihren Eltern abgeholt werden, weiß ich auch, warum sie so sind. Weil die Eltern nämlich noch viel dicker sind – und sich im Zweifel noch viel weniger bewegen. Die Kinder lernen also von klein auf, sich ungesund zu verhalten. Wie kann man Eltern ihre Vorbildfunktion klarmachen? Und wie könnte man den Leuten die Vorteile von Fitness und gesunder Ernährung erklären?

> Prof. Woll:

Das haben sich auch schon viele engagierte Pädagogen, Kinderärzte und Wissenschaftler gefragt. Denn Eltern sind ganz wichtige Vorbilder. Bei der KiGGS-Studie, der ersten repräsentativen Kinder- und Jugendgesundheitsstudie in Deutschland, haben wir den Einfluss des Vaters auf die Mitgliedschaft der Söhne in einem Sportverein untersucht. Wir stellten dabei fest, dass bei einem unsportlichen Vater auch die Söhne seltener aktiv sind. Bei den Neunjährigen war der Unterschied besonders gravierend. Während die Jungen eines sportlichen Vaters zu 94 Prozent im Verein waren, kamen die Söhne von passiven Vätern auf nur 52 Prozent. Eltern prägen das Sportverhalten ihrer Kinder also ganz entscheidend mit. Umso bedenklicher ist es, dass der Bewegungsmangel bei Erwachsenen ja noch viel dramatischer ist als bei den Kindern. Nur 15 Prozent der über 35-Jährigen sind regelmäßig sportlich aktiv, das heißt aber auch nur, dass sie etwa 2 Stunden pro Woche Sport treiben. Der Rest – und das betrifft vor allem sozial Schwächere – bleibt unter diesem gesundheitlich empfehlenswerten Pensum. Gerade diese Gruppe der weniger Informierten muss man möglichst früh erreichen. Die Präventionsprogramme sollten schon im Kindergarten beginnen. Doch selbst der beste kindliche Vorsatz hält nicht lange vor, wenn nicht die Familie ihre eingefahrenen Verhaltensmuster ändert. Es geht nur mit und über die Eltern.

»Passive Väter haben passive Söhne, denn Eltern prägen das Sportverhalten ihrer Kinder ganz entscheidend mit.«

> Boris Becker:

Die Laureus-Stiftung, eine Sportstiftung, der ich angehöre, fördert weltweit Sportinitiativen in sozialen Brennpunkten. Eine davon ist das Midnight-Basketball in den USA. Nachts um elf gehen an den Street-Basketballplätzen in den Städten die Flutlichter an; sie sind an bis 3 Uhr morgens. Dadurch senkte sich die Kriminalitätsrate drastisch. Sport wirkt wie Sozialarbeit. Warum macht man sich diese Seiten der Bewegung nicht noch viel mehr zunutze?

> Prof. Woll:
Dieses Potenzial von Sport ist tatsächlich noch längst nicht ausgeschöpft. Die Möglichkeit, darüber beispielsweise Sozial- oder Aufklärungsarbeit zu betreiben, wird nach wie vor unterschätzt. Dabei gibt es einige vielversprechende Ansätze, sowohl bei der Gewaltprävention als auch bei der Rehabilitation. In verschiedenen Projekten mit sozial schwierigen Kindern haben wir an der Universität Konstanz gute Erfahrungen mit dem Einsatz des Hochseilgartens, mit Floßbau

»Sport bietet vielfach die Möglichkeit der Integration ohne Sprache. Fußball oder Tennis werden überall gleich gespielt.«

und Klettern gemacht. Die durch das Training erzielten Erfolge motivieren auch in anderen Lebensbereichen und führen dadurch zu positiven Veränderungen. Bei Jugendlichen, die sich schwer tun, »Regeln« einzuhalten, kann der Sport mit seinen klaren Gesetzen ein wichtiges Hilfsmittel sein, um die gesellschaftliche Integration zu erleichtern. In Deutschland konnte man jugendliche Langzeitarbeitslose durch Sport motivieren und mobilisieren. Auch die nächtlichen Basketball-Events gibt es bei uns immer häufiger. Ich bin überzeugt, dass gerade der sozialen Leistung von Sport in einer Einwanderungsgesellschaft eine wichtige Bedeutung zukommt. Sport bietet die Möglichkeit der Integration ohne Sprache. Fußball oder Tennis werden schließlich auf der ganzen Welt gleich gespielt, die Regeln sind dieselben.

> Boris Becker:
Ich glaube, es gibt kaum einen besseren Lehrmeister für das Leben als den Sport. Im Wettkampf lernst du schon als Kind alles, was du für dein Leben brauchst. Gewinnen, verlieren, sich wieder aufrappeln, im Team kämpfen. Man muss sich nur mal anschauen, welche magnetische Wirkung ein kleiner Fußball auf 20 herumtobende Kinder hat. Was hat Sport mit Charakterbildung zu tun?

> Prof. Woll:
Zumindest kann Sport sehr viel zu Persönlichkeitsbildung und einem besseren sozialen Miteinander beitragen. In Bad Homburg gibt es eine Grundschule, die Anfang der Neunzigerjahre eine tägliche Sportstunde einführte. Wir haben diesen Modellversuch damals einige Jahre wissenschaftlich begleitet und die Ergebnisse mit jenen einer herkömmlichen Schule verglichen, an der es nur 2 Sportstunden pro Woche gibt. Wie erwartet waren die Kinder in Bad Homburg in puncto Motorik und Fitness den Vergleichsschülern schon nach kurzer Zeit deutlich

»Sport trägt sehr viel zur Persönlichkeitsbildung und zu einem besseren sozialen Miteinander bei.«

überlegen. Noch viel bemerkenswerter war aber, dass die Raufereien und Aggressionen auf dem Schulhof deutlich zurückgingen. Und auch die Anzahl der Unfälle und Verletzungen verringerte sich. Das Schulklima ins-

Mit dem Tennisball lässt sich einiges anstellen, auch ohne Schläger: Weitwerfen, hochwerfen, zielen …

gesamt verbesserte sich, und die elterlichen Schulschlichter konnten nach einigen Monaten vom Pausenhof abgezogen werden. Gleichzeitig verschlechterten sich die Leistungen der Schüler in Fächern wie Mathematik oder Deutsch überhaupt nicht, obwohl die Kinder dort Stunden an den Sport abgeben mussten. Die Lehrer konnten sogar 15 Prozent mehr Schüler für das Gymnasium empfehlen!

> Boris Becker:

Ich habe als Schüler am Nachmittag so viel Sport gemacht, dass mir persönlich der Sportunterricht an der Schule gar nicht wichtig war. Doch warum wird heute der Sportunterricht trotz aller neuen Erkenntnisse und Studien in den meisten Schulen immer noch so vernachlässigt?

> Prof. Woll:

Gute Frage. Ich glaube, der Grund ist, dass viele Menschen – Eltern, Lehrer, aber auch Bildungsverantwortliche – Sport nach wie vor als eine Disziplin betrachten, bei der es in erster Linie um körperliche Kompetenzen geht. Dabei ist sie auch Fundament für eine gesunde Entwicklung und fördert Sozial- und Gesundheitskompetenzen. Beispielsweise verfiel der Hamburger Senat vor ein paar Jahren auf die Idee, den Sportunterricht komplett zu streichen und stattdessen Gutscheine für Sportstudios und Vereine an die Schüler auszugeben. Zum Glück wurde der Plan fallen gelassen. Wenn Mathematik 5-mal hintereinander ausfällt, gehen Eltern schon mal auf die Barrikaden. Wenn aber die Sportstunde wiederholt gestrichen wird, stört das kaum jemanden. Leider fehlen vor allem in den Grundschulen qualifizierte Sportlehrkräfte, aber auch an weiterführenden Schulen. 20 Prozent der Schulen verfügen nicht einmal über ein passendes Sportgelände. Kein Fach fällt an deutschen Schulen so oft aus wie der Sportunterricht. Das ist ein Armutszeugnis.

»Kein Fach fällt an deutschen Schulen so oft aus wie der Sportunterricht. Das ist ein echtes Armutszeugnis hierzulande.«

> Boris Becker:

Was könnten wir alle – also Eltern und Bildungsverantwortliche in Ministerien – tun, um die Schulen hier zu unterstützen?

> Prof. Woll:
Wir brauchen mehr Sportlehrer, Sport müsste als wichtiges Leitziel in jedem Schulprogramm verankert sein und darf einfach nicht mehr ausfallen. Eltern müssen überzeugt, Arbeitsgemeinschaften gepflegt werden. Darüber hinaus müssen wir neue Wege gehen – z. B. indem Schulen und Sportvereine kooperieren. Bisher findet das nur statt, um Talente für den Leistungssport zu finden. Aber es könnte auch dazu dienen, motorisch weniger leistungsfähige Kinder an den Sport heranzuführen. Denkbar sind auch fachübergreifende Initiativen. Bei dem Projekt »ScienceKids« erfahren Kinder z. B. im Biologie-, Physik- und Chemieunterricht mehr über die biomechanischen und physiologischen Grundlagen von Bewegung. Auch die Krankenkassen könnten wichtige Partner für Projekte sein.

> Boris Becker:
Als ich zur Schule ging, gehörten die Bundesjugendspiele für viele zu den Highlights eines Schuljahrs. Dass man da mit einer Urkunde ausgezeichnet wurde, war sozusagen Ehrensache. Heute ist das alles nicht mehr so aufregend. Was ist da passiert? Warum kann so ein Sportfest die Kinder heute kaum mehr motivieren?

> Prof. Woll:
Die Begeisterung für die Bundesjugendspiele hat leider spürbar nachgelassen. An den Schulen werden Sportwettkämpfe viel seltener durchgeführt als früher. Heute sind Sportlehrer schon froh, wenn sie eine ganze Klasse zusammenbekommen, die bereit ist, bei den Bundesjugendspielen mitzumachen. Viele Kinder haben nicht mehr das Interesse, sich diesem Vergleich zu stellen. Auch weil die Zahl der Kinder wächst, die körperlich gar nicht dazu in der Lage sind. Beispielsweise sprangen Jungs im Alter von 10 Jahren noch 1995 13 Zentimeter weiter als 1999, und im Alter von 13 Jahren sogar 37 Zentimeter. Deshalb hat man eine neue Kategorie namens »Wettbewerb« eingeführt, bei der die Leistungen wie Sprint, Sprung oder Wurf nicht nach Punktetabellen, sondern anhand des Leistungsquerschnitts der jeweils teilnehmenden Klasse bewertet werden. In dieser Kategorie reicht es dann, zu den oberen 20 Prozent einer Klasse zu gehören, um eine Ehrenurkunde zu erhalten. Das ist bereits eine Reaktion auf die wachsende Zahl der Bewegungsmuffel.

»Heute sind Lehrer froh, wenn sie eine ganze Klasse zusammenbekommen, die bei den Bundesjugendspielen mitmacht.«

> Boris Becker:
Bei der Cleven-Becker-Stiftung haben wir vor einigen Jahren die »Fit-4-Future«-Initiative ins Leben gerufen und Tonnen mit Sport-Equipment an Schulen verteilt. Da sind Bälle drin, Springseile, Tennisschläger und vieles mehr – Sportgeräte, die das Spielerische der Bewegung herausfordern sollen. Die Schüler können die Geräte in

der Pause benutzen. Die Resonanz war bisher enorm, mehr als 250.000 Grundschüler in Deutschland haben jetzt in ihrem Pausenhof Zugang zu so einer Tonne. Kommt da was in Bewegung an den Schulen?

> Prof. Woll:
Ihr Eindruck stimmt. Die Schulen begreifen endlich, wie wichtig Bewegung ist. In Baden-Württemberg z.B. gibt es inzwischen knapp 350 Grundschulen mit sport- und bewegungserzieherischem Schwerpunkt. Diese Schulen – es sind immerhin mehr als 15 Prozent aller baden-württembergischen Grundschulen – haben sich zu 200 Minuten Sportunterricht pro Woche verpflichtet und bauen zusätzlich Bewegung in den Schulalltag ein. Etwa durch Aktivierungspausen während des Unterrichts oder das, was sich unter dem Stichwort »bewegtes Lernen« langsam zu etablieren beginnt. Das reicht vom Laufdiktat, bei dem die Kinder an jeder Station einen Satz schreiben, über die Vokabel-Ralley bis hin zum dynamischen Sitzen, das es Kindern erlaubt, auch mal mit dem Stuhl zu kippeln oder am Stehpult zu arbeiten. Und während der Hofpause wird gekickt, gerannt und geklettert. Manche Schulen lassen ihre Pausenhöfe auch nachmittags geöffnet, damit die Schüler dort Sport treiben können. Inzwischen existieren wohl in jedem Bundesland entsprechende Initiativen und Konzepte, unter anderem auch sogenannte Sportkindertagesstätten wie das »Sportini« in Bergedorf bei Hamburg. Dort könnten die Kinder täglich im Turnraum der Tagesstätte eine Vielfalt an Kletter-, Hangel- und Tobemöglichkeiten ausprobieren. Einige der Sportinitiativen werden von den Ministerien, andere von Krankenkassen gefördert, und wieder andere durch privates Engagement wie »Fit-4-Future«. Was fehlt, ist eine bundesweite Koordination dieser zum Teil sehr zersplitterten Aktivitäten.

Die »Fit-4-Future«-Tonnen mit Sportgeräten motivieren Grundschüler zu spielerischer Bewegung in der Pause.

> Boris Becker:
Es gab Zeiten in meiner Kindheit, da war ich in fünf Vereinen gleichzeitig. Fußball, Handball, Skifahren, Tennis, Schwimmen – meine Eltern ermöglichten es, weil sie selbst so sportbegeistert waren. Die Vereine haben ja auch heute noch großen Zulauf, angeblich sogar mehr denn je. Wie kommt es dann, dass sich die Kinder dennoch weniger bewegen?

> Prof. Woll:
Wir Sportwissenschaftler nennen dieses Phänomen »Bewegungsparadoxon«. Obwohl Kinder tendenziell weniger leistungsfähig sind als früher, waren noch nie so viele

»Die meisten Kinder bleiben nicht so lange in einem Sportverein wie früher, wo man einem Verein viele Jahre treu war.«

von ihnen in Sportvereinen. Und sie treten auch wesentlich früher ein als noch vor 20 Jahren. Zwei Drittel der Kinder in Deutschland sind zurzeit oder waren schon einmal Mitglied in einem Sportverein. Besonders hoch ist der Anteil unter den Zehn- bis Zwölfjährigen. Die meisten bleiben aber nicht lange – im Vergleich zu früher, wo man einem Verein viele Jahre die Treue hielt. Vereinskinder sind in der Mehrheit auch nur einmal pro Woche 1 bis 2 Stunden sportlich aktiv. Damit aber lässt sich der Mangel an alltäglicher Bewegung nicht wettmachen.

> Boris Becker:
Könnten die Vereine nicht mehr tun, um Kinder und Jugendliche in Bewegung zu bringen?

> Prof. Woll:
Der demografische Wandel und die wachsende Anzahl der Ganztagesschulen stellen die Vereine vor neue Herausforderungen. Noch nie hat es ein so vielfältiges Angebot seitens der Vereine gegeben, wie wir es heute haben. Sie konkurrieren um die wenigen Kinder, die für einen Verein sowohl leistungsmäßig als auch von ihrem Zeitbudget überhaupt noch infrage kommen. Deshalb sollten sie sich überlegen, wie sie mit Schulen oder Kindertagesstätten besser kooperieren können. Einige Partnerschulen des Fußballs oder des Skisports gibt es bereits. Vor allem müssen sie auch die weniger leistungsorientierte Klientel ansprechen. Viele Kinder (und auch ihre Eltern) wollen heute einfach nur Spaß am Sport haben – schon weil sie einen Ausgleich zur Schule suchen, wo immer mehr Leistung abverlangt wird.

»Sportvereine konkurrieren mit ihrem Angebot um die wenigen Kinder, deren Zeitbudget Sport überhaupt zulässt.«

Vielen Sportverbänden fällt es jedoch noch schwer, sich von wettkampforientierten Leistungskategorien zu lösen und sich auf die realen Bedürfnisse der Kinder und Jugendlichen einzustellen.

> Boris Becker:
Wie viele Stunden sollten sich Kinder für eine optimale Entwicklung bewegen?

> Prof. Woll:
Manche Experten fordern 2 Stunden täglich. Die Weltgesundheitsorganisation (WHO) empfiehlt für Kinder 1 Stunde moderater sportlicher Aktivität pro Tag – dabei sollte man ins Schwitzen kommen. Wenn man diese Forderung auf die Woche umlegt, erreicht das nur ein Drittel der Kinder. Ein Grund-

schüler verbringt heute im Schnitt 9 Stunden des Tages sitzend, weitere 9 Stunden liegend. Ins Schwitzen kommt er durchschnittlich nur 30 Minuten pro Tag. Dies ist jedoch leider deutlich zu wenig.

> Boris Becker:

Ich bin davon überzeugt, dass meine Kämpfernatur für meinen Erfolg ausschlaggebender war als mein Bewegungstalent. Wie kann man sie entwickeln?

> Prof. Woll:

Diese Frage stellen sich sicher viele Eltern. Man sollte Kinder nicht dauernd an allgemeinen Anforderungen messen, sondern sie individuell anspornen – ihre Entwicklung und ihre eigenen Fortschritte sehen und schätzen. Wichtig ist die Gruppe, denn viele Kinder motiviert weniger der Spaß an der

»Es ist wichtig, Kinder nicht zu starkem Erfolgsdruck auszusetzen, denn das hinterlässt oft seelische Schäden.«

Leistung als die Treue zur Mannschaft. Sportarten, die ein hohes Maß an Koordination und technischer Fertigkeit verlangen, sind für motorisch schwache Kinder weniger geeignet. Ihre Eltern sollten sie lieber an Disziplinen heranführen, bei denen man schon mit Basisfertigkeiten recht weit kommt – Radfahren oder Schwimmen. Selbst beim Fußball kann man technische Defizite besser kompensieren als etwa beim Tennis. Wichtig ist, dass man Kinder nicht zu stark unter Erfolgsdruck setzt. Ich habe es als Jugendwart einmal erlebt, dass eine Mutter zu ihrem Sohn sagte: »Wenn du heut' verlierst, bekommst du abends nichts zu essen.« So etwas hinterlässt natürlich seelische Schäden. Manche Eltern sind zu ehrgeizig und verlangen zu viel von ihren Kindern. Wenn der Vater ein begeisterter Handballer war, heißt das noch lange nicht, dass das auch für den Sohn die richtige Sportart ist. Und die Tochter einer Balletttänzerin oder Eiskunstläuferin muss nicht diese Karriere einschlagen. Eltern sollten sich stattdessen fragen: Was will mein Kind? Und was entspricht seinen Fähigkeiten? Nur auf diese Weise kann sich ein Talent – in welche Richtung auch immer – entfalten. Und nur so bleibt die Freude langfristig an der Bewegung erhalten.

Freizeitsporteln im Garten: Je mehr aus der Familie mitmachen, desto mehr Spaß macht die Bewegung.

Tests & Übungen für 4- bis 5-Jährige

Schnelles Zugreifen, Seiltanz, Zielwerfen u. a.

Wechselspiel mit Ball

> Bei diesem Test geht es darum, eine komplexe Aufgabe zu lösen, die verschiedene Bewegungsabfolgen voraussetzt. Dabei ist vor allem Schnelligkeit gefragt. Wer bei dem Test gut abschneidet, dessen Muskeln bringen beste Voraussetzungen für Schnelligkeit und Kraft mit, und verschiedene Bewegungsabläufe können gut koordiniert werden. Man benötigt für den Test zwei Körbe und drei Tennisbälle.

Koordination	★★★★★
Feinmotorik	★★☆☆☆
Gleichgewicht	★☆☆☆☆
Reaktion	★☆☆☆☆
Muskelkraft	★★★★★

1 Stelle zwei Körbe (oder Kisten) im Abstand von 4 Metern auf den Boden. In einem der Körbe befinden sich drei Tennisbälle. Nimm jeweils einen Tennisball aus dem Korb.

2 Laufe nun so schnell wie möglich zum anderen Korb und lege den Tennisball sofort dort hinein. Achte darauf, dass der Ball dabei nicht aus dem Korb springt. Hole nun den nächsten Ball aus dem ersten Korb. Alle drei Tennisbälle sollen so schnell wie möglich in den zweiten Korb gelangen. Ein Erwachsener stoppt die Zeit, die du dafür benötigst.

Auswertung:

	Wie schnell bist du?
☺	< 11 Sekunden
😐	12 bis 14 Sekunden
☹	> 15 Sekunden

Tüpfelspiel

> Dieser Test untersucht wichtige Voraussetzungen für das Zusammenspiel der aktiven Muskelbewegungen: Denn um in möglichst kurzer Zeit möglichst viele Punkte auf das Papier zu setzen, muss das feinmotorische Geschick schon gut ausgeprägt sein. Und dies ist die Basis dafür, Koordination, Schnelligkeit und das Zusammenspiel der Muskeln zu verbessern. Man benötigt hier lediglich Papier, Filzsstifte sowie Tisch und Stuhl.

Koordination	★★☆☆☆
Feinmotorik	★★★★★
Gleichgewicht	☆☆☆☆☆
Reaktion	★☆☆☆☆
Muskelkraft	★★★★☆

1 Setze dich an einen Tisch, auf dem ein Blatt Papier liegt. Male nun so schnell, wie es geht, möglichst viele Punkte auf das vor dir liegende Papier. Wo du die Punkte auf das Blatt malst, bleibt dir überlassen. Ein Erwachsener stoppt die Zeit und zählt aus, wie viele Punkte du innerhalb von 10 Sekunden geschafft hast.

WICHTIG: Die Ellbogen sollen bei diesem Test möglichst auf dem Tisch liegen bleiben, damit die Bewegung aus der Hand und nicht aus dem gesamten Arm erfolgt.

Auswertung:

	Wie viele Punkte kannst du malen?
	> 38 Punkte
	27 bis 37 Punkte
	< 26 Punkte

Seiltanz

> Die Koordination von Sinnes- und Muskelarbeit entwickelt sich ab dem frühen Kindesalter. Bei diesem Test ist vor allem das Gleichgewichtsvermögen gefragt, um in der Bewegung die Balance zu halten. Daneben sind ein guter Seh- und Tastsinn nötig, damit die Information, wo der Fuß platziert werden muss, an das Gehirn weitergegeben wird. Man braucht einen 10 Zentimeter breiten und 2 Meter langen Teppichbodenstreifen.

Koordination	★★★★☆
Feinmotorik	★★★☆☆
Gleichgewicht	★★★★★
Reaktion	★☆☆☆☆
Muskelkraft	★☆☆☆☆

1 Stelle dich barfuß an das eine Ende des Teppichbodenstreifens, die Arme werden waagrecht zur Seite gestreckt. Balanciere nun bis zum anderen Ende des Streifens, die Füße dürfen dabei nicht den Boden daneben berühren. Am Ende des Teppichbodenstreifens drehst du dich um und balancierst darauf zurück. Ein Erwachsener zählt, wie oft du die Strecke hin- und herbalancieren kannst, ohne neben den Streifen zu treten. Ob du große Schritte machst und wie schnell du gehst, kannst du selbst entscheiden.

Auswertung:

	Wie oft kannst du fehlerfrei auf dem Streifen balancieren?
☺	2 erfolgreiche Versuche
😐	1 erfolgreicher Versuch
☹	kein erfolgreicher Versuch

Schnelles Zugreifen

BORIS BECKER » *Nicht nur im Sport, auch in vielen Alltagssituationen ist ein schnelles Reaktionsvermögen sehr vorteilhaft. Sicher wäre ich beim Tennis nicht so erfolgreich gewesen, wenn ich das nicht von klein auf trainiert hätte. Für den Test benötigst du einen 80 Zentimeter langen Stab, den du mit einem Tapeband in 20 Zentimeter breite Zonen unterteilst.* «

Koordination	★★☆☆☆
Feinmotorik	★★★☆☆
Gleichgewicht	☆☆☆☆☆
Reaktion	★★★★★
Muskelkraft	★★★☆☆

1 Ein Erwachsener hält den Stab in der Mitte oder am oberen Stabende. Strecke nun deinen Arm zum unteren Stabende, sodass sich deine Hand etwa 1 Zentimeter unterhalb des Stabs befindet.

2 Wenn der Stab ohne Ankündigung losgelassen wird, versuchst du, ihn so schnell wie möglich mit einer Hand aufzufangen. Der Erwachsene merkt sich, auf welcher Höhe du den Stab beim Fangen gegriffen hast.

Auswertung:

	Wo kannst du den Stab greifen?
🙂	in der untersten Zone
😐	in den mittleren beiden Zonen
🙁	in den oberen beiden Zonen oder gar nicht

Sprung über das Seil

> Wer über eine gute Sprungkraft verfügt, kann in nahezu allen Sportarten erfolgreich sein sowie viele Alltagsbewegungen geschickt bewältigen. Der Test zeigt, wie gut das Zusammenspiel zwischen Muskeln und Nerven funktioniert und ob die Muskeln in dem Maße richtig gesteuert werden können, wie es die Aufgabe erfordert.

Koordination	★★★☆☆
Feinmotorik	☆☆☆☆☆
Gleichgewicht	★☆☆☆☆
Reaktion	★☆☆☆☆
Muskelkraft	★★★★★

1 Ein Seil wird mit dem einen Ende in 35 Zentimeter Höhe an einem Stuhl (oder Tisch) befestigt. Eine zweite Person greift das andere Seilende und hält es auch in etwa 35 Zentimeter Höhe. Stelle dich nun mit leicht geöffneten Beinen etwa 20 Zentimeter vor das Seil.

2 Springe nun mit beiden Beinen gleichzeitig über das Seil, ohne es zu berühren. Du hast zwei Versuche. Wenn du den Sprung geschafft hast, wird das Seil in einer Höhe von 45 Zentimeter Höhe gehalten. Sollte dein Begleiter merken, dass du den Sprung nicht schaffst, sollte er das Seil sofort loslassen, damit du dir nicht wehtust beim Fall. Schaffst du es auch hier, mit beiden Beinen gleichzeitig über das Seil zu springen?

Auswertung:

Gelingt dir der Sprung?
45 cm übersprungen
35 cm übersprungen
kein erfolgreicher Sprung

Hin- und Herhüpfen

> Dieser Test lässt sehr gut erkennen, wie gut die Sprungkraft ausgeprägt ist und ob die Ganzkörperkoordination gelingt. Zugleich wird ersichtlich, wie schnell und reibungslos aufeinanderfolgende Aktionen ausgeführt werden können. Für den Test braucht man ein Springseil, das vierfach ausgelegt wird, sodass es noch etwa 50 Zentimeter misst.

Koordination	★★★★☆
Feinmotorik	☆☆☆☆☆
Gleichgewicht	★★★☆☆
Reaktion	★★★☆☆
Muskelkraft	★★★★★

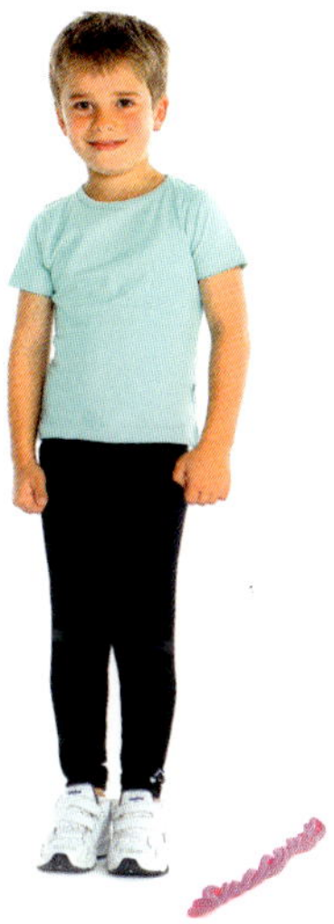

1 Stelle dich mit geschlossenen Beinen neben das Seil und beuge dabei leicht die Knie.

2 Springe so schnell und so oft wie möglich mit beiden Füßen über das Seil und wieder zurück. Ein Erwachsener stoppt die Zeit und zählt, wie viele Sprünge du in 10 Sekunden schaffst.

Auswertung:

	Wie oft kannst du springen?
	12 Sprünge und mehr
	8 bis 11 Sprünge
	weniger als 7 Sprünge

Zielwerfen

BORIS BECKER » *Ohne die exakte Auge-Hand-Koordination und gleichzeitig die Rumpf-Arme-Koordination ist in den meisten Ballsportarten kein erfolgreiches Mitspielen möglich. Da diese Bewegungsabläufe auch im Alltag eine immense Rolle spielen, ist es ideal, wenn möglichst früh schon unausgewogene Bewegungen erkannt und korrigiert werden. Man braucht eine Scheibe, einen Tennisball und Tapeband.* «

Koordination	★★★★★
Feinmotorik	★★★☆☆
Gleichgewicht	★☆☆☆☆
Reaktion	☆☆☆☆☆
Muskelkraft	★★☆☆☆

1 Die Scheibe besteht aus einem Kartonkreis von 40 Zentimeter Durchmesser. Sie wird an einer Tür oder einem Kleiderständer befestigt, der obere Rand 1,70 Meter über dem Boden. Mit einem Tapeband wird nun eine Abwurflinie auf den Boden geklebt, im Abstand von 3 Metern von der Zielscheibe.

2 Stelle dich nun aufrecht direkt hinter die Abwurflinie. Schaue nun ganz genau die Zielscheibe an und versuche, einen Tennisball direkt auf die Scheibe zu werfen. Zähle, wie oft es dir bei vier Versuchen gelingt, die Zielscheibe zu treffen.

Auswertung:

	Wie oft triffst du?
☺	2 bis 4 Treffer
😐	1 Treffer
☹	kein Treffer

Was bedeuten die Testergebnisse?

Überwiegend grüne Smileys

Gratulation, du bist eine kleine Sportskanone. Du bist sehr geschickt darin, Bewegungsaufgaben richtig umzusetzen. Es macht dir offensichtlich Spaß, dich zu bewegen. Du kannst dich für dein Alter wirklich schon ausgezeichnet konzentrieren, hast eine schnelle Reaktion, und deine Balancefähigkeit ist ebenfalls gut ausgeprägt. Da du auch viel Kraft und zusätzlich Ballgefühl hast, könntest du jede Sportart ausüben, die dir Spaß macht. Du bist ein kleines Bewegungstalent, das auch jeder Verein gern aufnehmen möchte.

Überwiegend gelbe Smileys

Vermutlich haben dir zumindest einige der Bewegungsaufgaben nicht gefallen, und manche sind dir auch noch nicht so gut gelungen. Das macht nichts. Mach den Test doch noch einmal an einem anderen Tag, dann hast du vielleicht mehr Spaß dabei. Oder bewegst du dich insgesamt nicht so gern? Dann sollten deine Eltern auf jeden Fall dafür sorgen, dass du die richtigen Nährstoffe und genügend Vitamine und Mineralstoffe erhältst, damit du groß und stark werden kannst. Vielleicht können dir deine Eltern zu Hause noch eine Ecke zum Toben einrichten; zumindest sollten sie dich draußen so oft wie möglich hüpfen, rennen oder einfach nur herumtollen lassen. Deine Eltern sollten nicht zu ängstlich sein, wenn du sehr wild herumsaust, sondern darauf vertrauen, dass du deinen Körper immer besser beherrschen lernst.

Überwiegend rote Smileys

Du hast dich sicher nicht über die Testaufgaben gefreut, oder? Hattest du einfach nur schlechte Laune und keine Lust? Oder hast du dich an diesem Tag sogar ein wenig krank gefühlt? Vielleicht brauchst ja einfach nur etwas länger, um bestimmte Bewegungen zu beherrschen, kannst sie dann aber besondes gut und hast viel Spaß daran? Dann wirst du bestimmt mit einiger Übung auch ein Meister. In jedem Fall sollten deine Eltern dafür sorgen, dass du eine Ernährung erhältst, die ausreichend Nährstoffe, Vitamine und Mineralstoffe enthält. Wenn dir bestimmte Bewegungen sogar wehtun oder du dich nie gern bewegst, sollten deine Eltern das mit dem Kinderarzt abklären.

Empfehlenswerte Übungen:

Hast du bei einigen Tests ein gelbes oder rotes Smiley erhalten, ist das kein Grund zu verzagen. Folgende Übungen sind geeignet, die für die Tests notwendigen Bewegungsqualitäten zu trainieren:

> **Wechselspiel mit Ball:** Hinkelkästchen, Ballkatze, Bagger (siehe Seiten 128, 130 und 135),
> **Tüpfelspiel:** Ballkatze, Nasenbär-Varianten, Bagger (Seiten 130, 132 und 135),
> **Seiltanz:** Schlittenfahrt, Hinkelkästchen, Ballkatze, Nasenbär (Seiten 134, 128, 130, 132),
> **Schnelles Zugreifen:** Schlittenfahrt, Ballkatze, Nasenbär-Varianten (Seiten 134, 130, 132),
> **Sprung über das Seil:** Schlittenfahrt, Hinkelkästchen, Bagger (Seiten 134, 128, 135),
> **Hin- und Herhüpfen:** Schlittenfahrt, Hinkelkästchen, Nasenbär-Varianten, Bagger (Seiten 134, 128, 132 und 135),
> **Zielwerfen:** Schlittenfahrt, Ballkatze, Nasenbär-Varianten, Bagger (Seiten 134, 130, 132 und 135).

Hinkelkästchen

> Das alte und beliebte Straßenspiel, auch Paradiesspiel oder Tempelhüpfen genannt, wird überall auf der Welt in den unterschiedlichsten Varianten gespielt. Es fördert und schult das Balancevermögen durch die ein- und beidbeinigen Sprünge. Gleichzeitig wird die Auge-Hand-Koordination durch das Werfen des Steins oder Säckchens verbessert. Man braucht dazu Kreide oder Tapeband, ein Sandsäckchen oder einen Stein.

Koordination	★★★★☆
Feinmotorik	★★☆☆☆
Gleichgewicht	★★★★★
Reaktion	★★★★☆
Muskelkraft	★★★★☆

1 Zunächst werden sieben quadratische Felder in Form eines Kreuzes mit Tapeband auf den Boden geklebt oder mit Kreide aufgemalt. Nun wirfst du das Sandsäckchen ins erste Feld und überspringst auf einem Bein dieses Feld.

WICHTIG: Das Säckchen muss immer in einem Feld landen, liegt es daneben oder auf der Linie, muss die Runde wiederholt werden, ebenso wenn die Füße beim Springen in einem falschen Feld landen.

2 Dann hüpfst du auf einem Bein weiter ins zweite und dritte Feld. Danach springst mit dem rechten und dem linken Fuß gleichzeitig in die beiden äußeren Felder. Dann hüpfst du weiter auf einem Bein ins letzte Feld. Dort drehst du um und hüpfst auf dieselbe Weise wieder zum Ausgangspunkt zurück.

3 Bei der nächsten Hüpfrunde wirfst du das Säckchen (oder auch einen Stein) in das zweite Feld. Dann hüpfst du möglichst ohne Unterbrechung wie in Schritt 1 beschrieben auf einem Bein von einem Feld ins nächste, bis du wieder am Ausgangspunkt angekommen bist. Nur in den Kreuzfeldern darfst du mit beiden Beinen landen.

4 Das Feld, in dem das Sandsäckchen liegt, musst du immer überspringen. Nach jeder Hüpfrunde wird das Säckchen wieder eingesammelt. Wenn du sehr geschickt bist, darfst du das Säckchen, während du das Feld überspringst, auch aufsammeln und mit ihm in der Hand zurückhüpfen.

Ballkatze

BORIS BECKER » *Hast du schon mal ausprobiert, wie geschickt du sein musst, damit der Ball dahin rollt, wo du es willst? Diese Übung verbessert dein Ballgefühl und stärkt und kräftigt zugleich die Muskeln deiner Wirbelsäule. Denn ich kann dir versichern, um den Ball beherrschen zu können, musst du selbst auch sehr beweglich sein.* «

Koordination	★★★★☆
Feinmotorik	★★★★★
Gleichgewicht	★★☆☆☆
Reaktion	★★★☆☆
Muskelkraft	★★☆☆☆

1 Stelle dir vor, dein Ball sei deine Katze. Sie möchte mit dir spielen und um dich herumtollen. Setze dich im Schneidersitz, d. h. mit gekreuzten Beinen, auf den Boden. Lege den Ball vor dich. Jetzt stupst du den Ball mit der rechten Hand so an, dass er auf deine linke Seite rollt.

2 Ist der Ball auf deiner linken Seite angekommen, darf er an deiner Seite vorbei nach hinten rollen. Dort lenkst du ihn mit der linken Hand so, dass er hinter deinem Rücken vorbeirollt und auf deiner rechten Seite wieder zum Vorschein kommt. Lass den Ball auf diese Weise mindestens 5-mal um dich herumrollen. Dann darf er in die andere Richtung rollen.

> Diese Ballkatzen-Übung macht auch zu zweit oder dritt sehr viel Spaß. Wer kann den Ball am schnellsten um sich herumrollen lassen? Schwieriger wird die Aufgabe, wenn man einen kleineren Ball (z. B. einen Tennisball) nimmt oder sogar zwei Bälle gleichzeitig betreuen muss. Das ist dann fast schon eine zirkusreife Leistung.

3 Jetzt stellst du deine beiden Beine so auf, dass sie eine Art Tor bilden. Stupse den Ball an, damit er durch die beiden Bein-Torbogen hindurchrollt. Kommt er dort an, darf er sogleich wieder zurückrollen. Dann darf er zuerst durch den Torbogen rollen und danach um deine Fußspitzen herum. Lass den Ball auf diese Weise mindestens 5-mal herumrollen. Dann darf er in die andere Richtung rollen.

4 Jetzt kommt die höchste Schwierigkeitsstufe. Denn nun streckst du deine beiden Beine aus und lenkst den Ball mit deiner rechten Hand um deine Fußspitzen herum auf die linke Seite. Er rollt an deinen Beinen entlang und deine linke Hand führt ihn dann so, dass er hinter deinem Rücken vorbeirollt und auf deiner rechten Seite wieder erscheint. Lass ihn mindestens 5-mal um dich herumrollen. Dann darf er in die andere Richtung rollen.

Nasenbär-Varianten

> Diese Übung macht den meisten Kindern großen Spaß. Hier werden auf spielerische Art nicht nur sämtliche Rumpfmuskeln gestärkt, sondern auch die Armmuskulatur gekräftigt. Außerdem ermöglichen die verschiedenen Positionen, die bei der Übung eingenommen werden, die Förderung der muskulären Koordination.

Koordination	★★★★★
Feinmotorik	★★★★☆
Gleichgewicht	★★★☆☆
Reaktion	★★★★☆
Muskelkraft	★★★☆☆

1 Stelle dir vor, du bist ein Nasenbär und schiebst deine Beute nach Hause. Begib dich dazu wie der Nasenbär in den Vierfüßlerstand und schiebe einen Ball mit der Nase vor dir her. Du kannst dir ein paar Hindernisse in den Weg stellen (z. B. einen Papierkorb, einige Bücher), um die du den Ball herumrollst.

2 Die Übung macht auch viel Spaß und trainiert dabei das Steuern von Bewegungen, wenn du dich auf den Bauch legst und den Ball durch Vorwärtsrobben vor dir herschiebst. Auch hier kannst du wieder versuchen, Hindernisse in den Weg zu stellen.

3 Etwas schwieriger ist es, auf allen vieren auf dem Boden zu krabbeln, ohne dass die Knie den Boden berühren, und dabei den Ball vor sich herzurollen.

4 Noch ein kleines bisschen komplizierter als in Schritt 3 wird es jetzt: Versuche, auf allen vieren zu bleiben und den Ball langsam mit dem Oberkörper vorwärtszubewegen.

5 Knie nun auf dem Boden im Fersensitz und versuche, den Ball mit der Stirn von einer Seite zur anderen zu rollen. Bei dieser Übung trainierst du die Beweglichkeit deiner Hüfte und Wirbelsäule und die Koordination deines Oberkörpers.

Schlittenfahrt

BORIS BECKER » *Wie kommst du wohl am besten vom Fleck? Schieben? Rutschen? Ziehen lassen? Auf dem Gesäß? Oder auf dem Bauch? Lass dir mal was einfallen! Selbst auf einer Teppichfliese oder einem Badehandtuch kannst du sehr schnell vorankommen. Diese Bewegungen machen alle deine Muskeln an Rumpf, Armen und Beinen superstark und kräftig.* **«**

Koordination	★★★★★
Feinmotorik	★★☆☆☆
Gleichgewicht	★★★★☆
Reaktion	★☆☆☆☆
Muskelkraft	★★★★★

1 Setze dich auf eine Teppichfliese (oder ein Badehandtuch), die Beine sind angewinkelt, die Fersen werden neben der Teppichfliese auf dem Boden aufgestellt, die Fußspitzen angehoben. Halte dich nun an der Teppichfliese fest und versuche, dich auf dem Boden fortzubewegen: Stoße dich mit den Fersen ab und rutsche mit dem Gesäß auf der Matte nach vorn.

2 Alternativ kannst du dich auch auf die Teppichfliese knien, das Gesäß auf den Füßen absetzen und dich mit den Händen nach vorn ziehen. Viel Spaß macht es auch, sich von einem Partner ziehen zu lassen, auf dem Bauch zu rutschen oder mit einer zweiten Teppichfliese ein Rutschrennen zu veranstalten.

Bagger

> Von dieser Übung profitieren beide Partner. Durch die Aufgabenstellung, die Bälle in den Korb zu befördern, wird die kindliche Auge-Hand-Koordination geschult und die Rumpfmuskulatur gekräftigt, insbesondere die Rückenmuskeln. Das Gleiche gilt auch für den Erwachsenen. Daneben werden Zusammenspiel und Vertrauen in den anderen gefördert.

Koordination	★★★☆☆
Feinmotorik	★★☆☆☆
Gleichgewicht	★★★★★
Reaktion	★★☆☆☆
Muskelkraft	★★★★☆

1 Lege dich auf den Bauch, die Beine sind etwas mehr als hüftbreit geöffnet. Ein Erwachsener stellt sich mit dem Blick in deine Richtung zwischen deine Beine und hebt dich nun am Becken hoch (evtl. zur Unterstützung auch um den Bauch des Kindes greifen). Du bleibst entspannt und mit dem Oberkörper nach unten geneigt.

2 Stelle dir nun vor, du wärst ein Bagger. Während dich der Erwachsene noch immer hält, hebst du die Bälle, die neben dem Korb liegen, auf und legst sie in ihn hinein. Dabei kannst du dich ruhig mit dem Oberkörper zur Seite neigen. Der Erwachsene bleibt während der Übung am Platz stehen und folgt nur mit dem Körper der Bewegung des Kindes.

Bewegte Vorschulkinder

Das Kindergartenalter ist für die meisten Eltern eine entspannte Lebensphase: die anstrengende Babyzeit ist vorbei, die leistungsorientierte Schulzeit hat noch nicht begonnen, und die Kinder sind neugierig und wollen die Welt erkunden. Ihre motorischen Fähigkeiten sind so weit entwickelt, dass sie nun komplexe Bewegungen lernen können, wie Schwimmen oder Radfahren. Die meisten Kinder haben in dieser Zeit einen großen Bewegungsdrang. Eigentlich brauchen Eltern dann nicht mehr zu tun, als ihren Kindern ausreichend Gelegenheit und Vertrauen zu geben, sich auszutoben und auch einmal ihre körperlichen Grenzen zu testen. Das Wichtigste dabei: Bewegung mit Spaß, aber ohne Leistungsdruck.

Mutige Eltern – mutige Kinder

Im Kindergartenalter erobern sich Jungs und Mädchen gern neue Bewegungsräume: Treppengeländer, Bäume, Schaukeln und Mauern. Wenn Sie Ihr Kind lassen, wird es durch Pfützen hüpfen, auf Äste klettern und das Treppengeländer herunterrutschen. Es wird stolz sein, wenn es schon vier Treppenstufen überspringen kann. Natürlich gibt es Risiken, die man auszuschließen versucht. Es schadet aber nichts, wenn das Kind von der Schaukel fällt und im Sand landet, auch wenn es einen Schreck bekommt und weint. Aufgeschürfte Knie gehören dazu, und vielleicht auch einmal eine Platzwunde – kleine Wunden verheilen schnell, und das Kind lernt dabei seine Grenzen kennen. Wenn Sie jedoch versuchen, Ihr Kind von allen Gefahren fernzuhalten, kann es kaum lernen, sich in diesen zu bewähren. Außerdem ist der psychische Effekt nicht zu vernachlässigen. Eine Mutter oder ein Vater, der sein Kind ständig vor irgendetwas warnt, teilt ihm unterschwellig auch mit »ich traue dir nicht zu, dass du das kannst«. Kinder empfangen diese unausgesprochene Botschaft sehr wohl und trauen sich bald auch selbst weniger zu.

Ob im Park, auf einer Wiese oder am Strand: Die Frisbeescheibe sollte immer mit von der Partie sein.

Welcher Kindergarten passt?

Bei der Suche nach einem guten Kindergarten sind die Bewegungsangebote für Kinder ein wichtiger Punkt. Die folgenden Kriterien spielen für die Zufriedenheit der Kinder eine große Rolle, auf jeden Fall aber für ihre Gesundheit: Hat der Kindergarten einen schönen großen Garten und wie lange sind die Kinder täglich draußen? Dürfen sie auch bei Regenwetter raus und gibt es einen Toberaum drinnen? Welchen Wert legen die Erzieherinnen auf Bewegung und frische Luft? Liegt die Kita nahe genug, sodass sie auch zu Fuß oder mit dem Rad erreichbar ist?

Kleine Radler mit buntem Helm

Im Alter zwischen vier und sechs Jahren lernen die meisten Kinder radfahren und schwimmen. Früher damit beginnen zu wollen hat wenig Sinn. Vorher ist das Kind in seiner motorischen Entwicklung einfach noch nicht so weit, so viele verschiedene Bewegungen zu koordinieren, wie dazu nötig sind. Gute Einstiegsfahrzeuge vor dem Fahrrad sind Roller und Laufräder. Damit trainieren die kleinen Kinder schon einmal ihren Gleichgewichtssinn und lernen das Lenken. Sie gewöhnen sich mehr als beim Dreirad an eine Geschwindigkeit, die schneller ist als ihre eigene zu Fuß. Wenn es dann ans Fahrradfahren geht, lassen Sie die Stützrad-Phase einfach weg. Durch diese Extrarädchen verlernt ein Kind eher, die Balance zu halten, als umgekehrt.

Minisportler im Verein

Wann die richtige Zeit gekommen ist, zu der ein Kind in einen Sportverein gehen kann oder sollte, hängt vom Kind ab und vom Verein. Im Durchschnitt kommen Kinder heute früher in den Vereinssport als noch vor einer Generation, und jedes vierte Kindergartenkind besucht schon einen Sportverein. Besonders für bewegungsbegabte Kinder ist das eine gute Ergänzung zum Herumtollen im Kindergarten und zu Hause. Die Aktivität im Verein beginnt oft mit dem Eltern-Kind-Turnen und führt dann zum Kleinkinderturnen, wo die Kinder ihre sportliche Grundausbildung bekommen. Das Turnen kräftigt den Körper, macht beweglich und schult die Körperbeherrschung. Turnkinder bekommen einen guten Gleichgewichtssinn, Ausdauer und allgemeine Fitness und sind nach ein paar Jahren gut trainiert, um in jede andere Sportart wechseln zu können. Doch egal in welcher Sportart Ihr Kind beginnt – lassen Sie es möglichst zwei bis drei Probestunden mitmachen, bevor Sie sich festlegen. Oft entscheidet nämlich gar nicht so sehr die Sportart, sondern die Sympathie zum Trainer darüber, was ein Kind mag und was nicht. Und das ist gerade am Anfang fast wichtiger als die Sportart selbst.

Wasserratten vor!

Ein Kleinkind mit positiver Wassererfahrung aus der Badewanne oder sogar vom Strandurlaub liebt das Wasser sehr wahrscheinlich und wird es ab dem Alter von fünf oder sechs Jahren nicht schwer haben, richtig schwimmen zu lernen. Wie kaum ein anderer Sport fördert Schwimmen die Beweglichkeit, die Körperkoordination und den Gleichgewichtssinn. Die Muskeln werden kräftiger, die Ausdauer trainiert.

Hauptsache Ball

Ball spielen können schon die Kleinsten, doch für Vorschulkinder ist Ballsport im Verein nur sinnvoll, wenn das Konzept eine ganzheitliche Heranführung an Bälle jeglicher Art ist. Für Fußball, Volleyball oder Handball ist es noch zu früh, denn dafür braucht es schon eine grundlegende Ausbildung an Körperkoordination, ausreichend Kraft und grundlegende soziale Fähigkeiten, die die Kinder in dieser Phase erst lernen. In einer sogenannten Ballschule trainieren Kinder jedoch spielerisch mit allen möglichen Bällen schon früh Werfen, Fangen und Kicken und lernen den Umgang mit einem Schläger. Auch einen Kinder-Tennisschläger können Sie Ihrem Vorschulkind schon in die Hand geben, wenn es damit auch noch keinen Aufschlag lernen kann.

Tanzen und Ballett

Schon Kleinkinder tanzen gern und oft ganz spontan zur Musik, Mädchen genauso wie Jungs. Spielerisch entwickeln sie dabei ein Gefühl für Musik und Rhythmus. Tanzen schult den Gleichgewichtssinn und die Koordination, und bei Singspiel und Ringelreihen erfahren die Kinder zudem ein Zusammengehörigkeitsgefühl. Egal wie klein sie sind, haben sie großen Spaß dabei. Ballett stellt schon höhere Anforderungen an Disziplin und Körperkontrolle, dennoch können Kinder ab vier Jahren damit beginnen.

Tests & Übungen **für 6- bis 11-Jährige**

Haltungstest, Rumpfbeuge, Einbein-Stand u. a.

Haltungstest

> Da eine gute Haltung schon frühzeitig vielen Problemen mit der Wirbelsäule vorbeugen kann, ist es wichtig zu wissen, wie es um die kindliche Muskulatur von Oberkörper und Wirbelsäule steht. Mittels dieses Tests wird gezeigt, wie gut das Haltungsgefühl ausgeprägt ist und welche Muskeln noch mehr gestärkt werden sollten. Man benötigt für den Test ein Tapeband und eine Stoppuhr.

Koordination	★★★★☆
Feinmotorik	★★★☆☆
Gleichgewicht	★★☆☆☆
Reaktion	☆☆☆☆☆
Muskelkraft	★☆☆☆☆

1 Ein Gitterraster wird an der Wand befestigt. Man kann auch ein Tapeband an die Tür oder die Wand kleben (siehe Bild). Stelle dich seitlich zur Wand vor das Raster und spanne Gesäß und Bauch an. Dann strecke deinen Rücken. Stelle dir vor, du wächst bis zur Decke, die Fußsohlen bleiben aber auf dem Boden.

2 Jetzt strecke die Arme nach vorn aus, bis sie ganz waagrecht sind. Halte deinen Rücken ganz gerade. Nun wird mit der Stoppuhr gemessen, wie viele Sekunden du mit geradem Rücken stehen kannst, ohne dass deine Arme absinken.

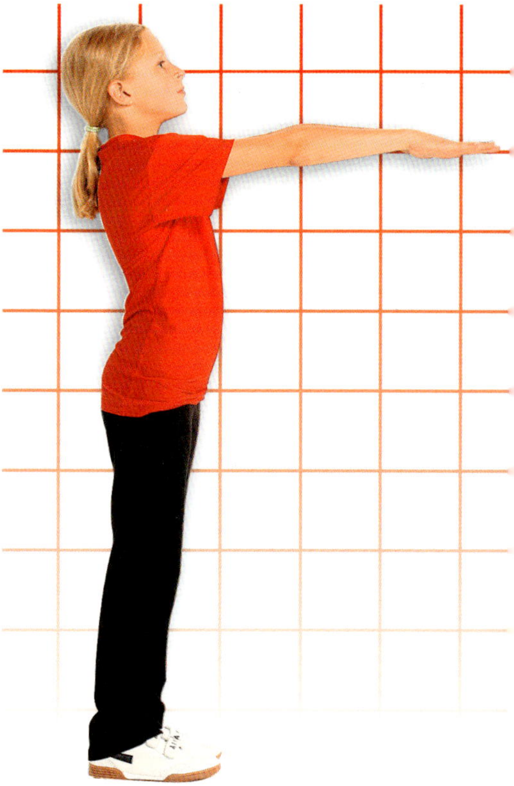

☹ Bei der Übung solltest du möglichst gerade stehen und nicht ins Hohlkreuz fallen. Sobald das der Fall ist, wird der Test abgebrochen.

☹ Die Arme sollen waagrecht nach vorn gestreckt werden. Sobald sie absinken, wird der Test abgebrochen. Das Gleiche gilt auch, wenn du deine Schultern anhebst.

Auswertung: Wie viele Sekunden kannst du gerade stehen?

	6 bis 7 Jahre		8 bis 9 Jahre		10 bis 11 Jahre	
	Jungs	Mädchen	Jungs	Mädchen	Jungs	Mädchen
☺	> 89	> 92	> 100	> 97	> 100	> 106
😐	4 bis 89	11 bis 92	9 bis 100	15 bis 97	14 bis 100	17 bis 106
☹	< 4	< 11	< 9	< 15	< 14	< 17

Liegestütz-Varianten

BORIS BECKER » *Willst du wissen, wie kräftig und fit du insgesamt bist? Dann mache mal diesen Test. Für viele Sportarten – nicht nur für Tennis – brauchst du nämlich eine Menge Kraft und Ausdauer. Der Test zeigt dir, ob du kräftige Oberkörper- und gut trainierte Armmuskeln hast. Du brauchst für den Test nur eine Gymnastikmatte.* «

Koordination	★★★☆☆
Feinmotorik	★★☆☆☆
Gleichgewicht	★☆☆☆☆
Reaktion	★★☆☆☆
Muskelkraft	★★★★★

1 Lege dich auf den Bauch, die Beine sind geschlossen und gestreckt, die Hände berühren sich auf dem Gesäß. Winkle dann die Arme an und lege die Hände neben die Schultern. Die Fingerspitzen zeigen nach vorn.

2 Drücke dich jetzt mit den Armen hoch, dabei werden die Knie vom Boden gehoben. Halte den Rücken gerade und den Kopf in Verlängerung der Wirbelsäule. Die Beine bleiben gestreckt. Nur die Fußspitzen berühren noch die Matte.

3 Bei gestreckten Armen im Liegestütz hebst du nun eine Hand und legst sie auf die andere. Dann setzt du die Hand wieder in die ursprüngliche Position zurück, beugst die Arme und senkst Oberkörper und Beine wieder in Richtung Boden.

4 Wenn du wieder am Boden liegst, klatschst du hinter deinem Rücken in die Hände und legst sie mit dem Handrücken auf das Gesäß. Ein Erwachsener stoppt die Zeit und zählt, wie viele Liegestütze du in 40 Sekunden schaffst.

Auswertung: Wie viele Liegestütze schaffst du?

	6 bis 7 Jahre		8 bis 9 Jahre		10 bis 11 Jahre	
	Jungs	Mädchen	Jungs	Mädchen	Jungs	Mädchen
	> 15	> 15	> 18	> 17	> 19	> 19
	6 bis 15	7 bis 15	8 bis 18	9 bis 17	10 bis 19	11 bis 19
	< 6	< 7	< 8	< 9	< 10	< 11

Rumpfbeuge

> Eine wichtige Voraussetzung für viele Alltagsbewegungen, aber auch für zahlreiche Sportarten ist neben der Beweglichkeit der Gelenke auch die Dehnfähigkeit der unteren Rückenmuskulatur. Anhand dieses Tests kann man überprüfen, wie beweglich die Wirbelsäule ist. In diesem Alter ist es wichtig, Haltungsveränderungen frühzeitig zu erkennen, denn sie können noch gut ausgeglichen werden. Man braucht für den Test einen Meterstab und ein kleines Podest.

Koordination	★★★★☆
Feinmotorik	☆☆☆☆☆
Gleichgewicht	★★☆☆☆
Reaktion	☆☆☆☆☆
Muskelkraft	★★☆☆☆

1 Stelle dich so auf eine Stufe (oder ein Podest), dass sich die Zehenspitzen auf einer Linie mit der Stufenkante befinden. Die Beine sind leicht geöffnet, die Knie gestreckt. Die Arme werden gerade nach oben gestreckt. Beuge dich nun weit nach vorn und versuche, mit den Fingerspitzen so weit wie möglich nach unten zu kommen. Ein Erwachsener misst nun den Abstand zwischen Fingerspitzen und dem Stufenrand, auf dem du stehst. Bist du sehr beweglich, erreichst du mit den Fingerspitzen den roten Bereich der Skala. Diese Werte sind auch in der Auswertung rot beziffert.

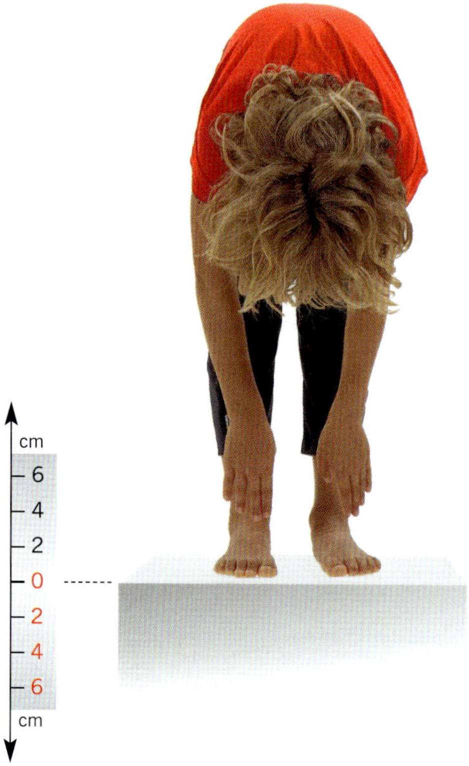

Auswertung: Wie weit sind die Fingerspitzen von der Standfläche entfernt?

	6 bis 7 Jahre		8 bis 9 Jahre		10 bis 11 Jahre	
	Jungs	**Mädchen**	**Jungs**	**Mädchen**	**Jungs**	**Mädchen**
😊	> 5 cm	> 7 cm	> 5 cm	> 7 cm	> 8 cm	> 10 cm
😐	5 bis 10 cm	7 bis 9 cm	5 bis 9 cm	7 bis 8 cm	8 bis 14 cm	10 bis 8 cm
☹	> 10 cm	> 9 cm	> 9 cm	> 8 cm	> 14 cm	> 8 cm

Bauchmuskeltest

> Nicht nur die Rückenmuskeln, sondern auch die vorderen Bauchmuskeln sollten kräftig sein. Beide zusammen sorgen für die Stabilität des Rumpfs und auch für eine gute Haltung. Der folgende Test zeigt, wie kräftig und beweglich Bauch- und Hüftbeugemuskeln sind. Man braucht dazu eine Gymnastikmatte oder ein weiches Badetuch.

Koordination	★★★☆☆
Feinmotorik	★☆☆☆☆
Gleichgewicht	★☆☆☆☆
Reaktion	☆☆☆☆☆
Muskelkraft	★★★★★

1 Lege dich auf den Rücken und stelle deine Füße etwa eine Fußlänge vom Gesäß entfernt auf. Die Hände sind im Nacken verschränkt, die Ellbogen liegen am Boden. Ein Erwachsener hält während der Übung deine Füße am Boden fest.

2 Richte dich nun so oft wie möglich auf: Dazu hebst du deinen Oberkörper an, bis du mit deinen Ellbogen die Knie berührst. Dann gehst du wieder zurück in Position 1. Ein Erwachsener stoppt die Zeit und zählt, wie viele Sit-ups du in 40 Sekunden schaffst.

Auswertung: Wie viele Wiederholungen schaffst du?

	6 bis 7 Jahre		8 bis 9 Jahre		10 bis 11 Jahre	
	Jungs	**Mädchen**	**Jungs**	**Mädchen**	**Jungs**	**Mädchen**
🙂	> 24	> 23	> 30	> 27	> 33	> 30
😐	9 bis 24	5 bis 23	14 bis 30	10 bis 27	16 bis 32	11 bis 30
🙁	< 9	< 5	< 14	< 10	< 16	< 11

Einbein-Stand

BORIS BECKER » *Nach meiner Erfahrung ist die Balancefähigkeit sehr wichtig. Denn du kannst in vielen Sportarten nur erfolgreich sein, wenn du es schaffst, auch in schwierigen Situationen das Gleichgewicht zu halten. Finde mithilfe des Tests heraus, wie gut du deinen Körper beherrschst. Du brauchst dafür einen relativ niedrigen Hocker.* «

Koordination	★★★★★
Feinmotorik	★★★☆☆
Gleichgewicht	★★★★★
Reaktion	★☆☆☆☆
Muskelkraft	☆☆☆☆☆

1 Stelle dich mit einem Fuß auf den Hocker, den anderen Fuß des »Spielbeins« kannst du locker nach unten hängen lassen. Die Arme nimmst du zum Ausbalancieren waagrecht zur Seite.

2 Versuche nun das Gleichgewicht zu halten. Kommst du aus der Balance und berührst mit dem Fuß des Spielbeins den Boden oder den Hocker, versuchst du, das Gleichgewicht schnell wiederherzustellen, indem du das Spielbein anhebst.
Ein Erwachsener stoppt die Zeit und zählt, wie oft der Fuß des Spielbeins den Boden oder den Hocker innerhalb einer Minute berührt hat. Bei mehr als 15 Fußkontakten in einer halben Minute wird der Test abgebrochen.

WICHTIG: Das Standbein darf während des Tests auf keinen Fall gewechselt werden.

Auswertung: Wie oft musst du dich mit dem Spielbein stützen?

	6 bis 7 Jahre		8 bis 9 Jahre		10 bis 11 Jahre	
	Jungs	Mädchen	Jungs	Mädchen	Jungs	Mädchen
🙂	< 11	< 9	< 5	< 5	< 4	< 4
😐	11 bis 27	9 bis 27	5 bis 21	5 bis 21	4 bis 18	4 bis 20
☹️	> 27	> 27	> 21	> 21	> 18	> 20

Ballgefühl testen

> Für alle Ballsportarten – und auch im Alltag – braucht man Ballgefühl und eine gute Auge-Hand-Koordination. Mit diesem Test lässt sich überprüfen, inwieweit es gelingt, verschiedene Bewegungsmuster miteinander zu verknüpfen. Der Entwicklungsstand sollte schon früh abgeschätzt werden, denn Defizite können in diesem Alter noch ausgeglichen werden. Man braucht dafür einen Tennisball, Tapeband in zwei Farben und eine Wand.

Koordination	★★★★☆
Feinmotorik	★★★★☆
Gleichgewicht	★★☆☆☆
Reaktion	★★☆☆☆
Muskelkraft	★★★☆☆

1 Mithilfe der Tapebänder wird eine Zielscheibe auf die Wand (Höhe: 1,5 Meter) geklebt. Dafür klebt man zunächst ein großes Quadrat mit der Seitenlänge von 60 Zentimetern auf die Wand, dann in die Mitte des großen ein kleineres Quadrat mit der Seitenlänge von 30 Zentimetern und in dessen Mitte ein Quadrat von 10 mal 10 Zentimeter. Im Abstand von 3 Metern von der Zielscheibe wird eine Abwurflinie am Boden markiert (z. B. durch Seil oder auch durch ein Tapeband).

2 Stelle dich nun aufrecht direkt hinter die Abwurflinie und nimm einen Tennisball in die Hand. Hole nun weit hinten über die Schulter aus und werfe den Tennisball mit Schwung auf die Zielscheibe. Versuche dabei, möglichst das kleinste Quadrat zu treffen. Du hast zwei Versuche mit jeweils fünf Würfen.

3 Zähle mit, wie viele Würfe das kleine, das mittlere und das große Quadrat treffen. Für jeden Treffer im kleinen Quadrat bekommst du 3 Punkte, im mittleren 2 Punkte und im großen Quadrat 1 Punkt.

Auswertung: Wie viele Punkte hast du?

	6 bis 7 Jahre		8 bis 9 Jahre		10 bis 11 Jahre	
	Jungs	Mädchen	Jungs	Mädchen	Jungs	Mädchen
☺	> 13	> 11	> 18	> 15	> 19	> 17
😐	4 bis 13	2 bis 11	9 bis 18	6 bis 15	11 bis 19	8 bis 17
☹	< 4	< 2	< 9	< 6	< 11	< 8

Treppauf, treppab

> Neben der Kraft ist die Ausdauer ausschlaggebend für die konditionelle Leistungsfähigkeit. Der Test zeigt, wie der Stoffwechsel der Muskulatur beschaffen ist, d.h., durch die Testbewegung wird deutlich, wie lange eine anstrengende motorische Aufgabe bewältigt werden kann. Man braucht für den Test eine Treppe.

Koordination	★★★★☆
Feinmotorik	★★☆☆☆
Gleichgewicht	★★☆☆☆
Reaktion	★☆☆☆☆
Muskelkraft	★★★★★

1 Vor diesem Test misst ein Erwachsener 10 Sekunden an deinem Handgelenk den Ruhepuls (dazu darfst du dich mindestens 5 Minuten körperlich nicht betätigt haben). Dieser Pulswert wird mit dem Faktor 6 multipliziert.

2 Stelle dich nun mit leicht geöffneten Beinen vor die Treppenstufe. Jetzt sollst du innerhalb von einer Minute etwa 40-mal auf die Stufe und wieder heruntersteigen. Achte darauf, dass du oben auf der Stufe und unten am Boden jeweils kurz beide Füße nebeneinanderstellst und die Knie dabei durchstreckst.

3 Nach 2 Minuten misst ein Erwachsener deinen Erholungspuls (siehe Schritt 1). Die Differenz zwischen Erholungs- und Ruhepuls gilt als Testergebnis.

Auswertung: Wie ist die Differenz zwischen Ruhe- und Erholungspuls?

	6 bis 7 Jahre		8 bis 9 Jahre		10 bis 11 Jahre	
	Jungs	Mädchen	Jungs	Mädchen	Jungs	Mädchen
☺	< – 8	< – 6	< – 6	< – 5	< – 4	< – 4
😐	– 8 bis 40	– 6 bis 42	– 6 bis 53	– 5 bis 45	– 4 bis 43	– 4 bis 53
☹	> 40	> 42	> 53	> 45	> 43	> 53

Rückwärts balancieren

> Neben dem Vermögen, das Gleichgewicht zu halten, wird hier getestet, inwieweit es gelingt, den eigenen Körper im Raum wahrzunehmen. Speziell geht es darum, rechtzeitig zu fühlen und zu erkennen, wie sich die eigenen Füße bewegen, ohne dass die Augen sie lenken können. Man braucht für diesen Test einen 10 Zentimeter breiten und 1,5 Meter langen Balancierbalken (kann man sich im Baumarkt zurechtsägen lassen).

Koordination	★★★★★
Feinmotorik	★★☆☆☆
Gleichgewicht	★★★★★
Reaktion	★☆☆☆☆
Muskelkraft	☆☆☆☆☆

1 Vor dem Test wird der Balancierbalken auf den Boden gelegt. Davor baut man ein kleines Plateau, z. B. aus Büchern oder Ziegelsteinen, auf dem du mit beiden Beinen stehen kannst.

2 Gehe nun vom Plateau aus vorwärts über den Balken. Die Arme streckst du dabei leicht zur Seite. Dann balancierst du vorsichtig rückwärts bis zum Anfangsplateau zurück, dort drehst du dich um. Wenn du mit dem Fuß den Boden berührst, beginnt der Test von vorn.

Ein Begleiter zählt, wie oft du rückwärts aufsetzen kannst, ohne danebenzutreten. Das erste Fußaufsetzen wird dabei noch nicht mitgewertet. Schaffst Du eine Bahn fehlerfrei, bekommst du unabhängig von der Zahl der Schritte pro Bahn trotzdem 8 Punkte.

Auswertung: Wie viele Schritte hintereinander schaffst du auf dem Balken?

	6 bis 7 Jahre		8 bis 9 Jahre		10 bis 11 Jahre	
	Jungs	**Mädchen**	**Jungs**	**Mädchen**	**Jungs**	**Mädchen**
☺	> 12	> 13	> 14	> 15	> 17	> 17
😐	9 bis 12	11 bis 13	13 bis 14	14 bis 15	15 bis 17	16 bis 17
☹	< 9	< 11	< 13	< 14	< 15	< 16

Was bedeuten die Testergebnisse?

Überwiegend grüne Smileys ☺

Gratuliere, du hast dir in vielen Tests grüne Smileys geholt! Das bedeutet: Du hast im Vergleich zu Jungs und Mädchen deines Alters ein hervorragendes Ergebnis erzielt. Du bist wirklich in Bestform. Du verfügst über eine Menge Kraft, sowohl im Oberkörper und in den Armen als auch in den Beinen. Deine Kondition ist unschlagbar. Auch deine Balancefähigkeit ist optimal ausgebildet. Außerdem bist du ziemlich geschickt und beweglich und kannst sehr schnell auf neue Situationen reagieren. Deine Konzentrationsfähigkeit und deine Auge-Hand-Koordination sowie deine sensomotorische Wahrnehmung lassen nichts zu wünschen übrig. Mach weiter so!

In der Altergruppe zwischen sechs und elf Jahren lassen sich Kinder noch leicht zu den Übungen motivieren.

Du könntest, wenn du wolltest, ohne Weiteres Leistungssportler/-in werden! Denn du bist rundum sportlich begabt. Falls du noch nicht in einem Sportverein bist, so wähle dir doch einen aus. Vielleicht liebst du Mannschaftssportarten wie Fußball oder Basketball oder vielleicht liegen dir Einzelsportarten wie etwa Tennis oder Schwimmen oder Bodenturnen mehr; du musst dich jetzt trotzdem noch nicht auf eine Lieblingssportart festlegen. Probiere ruhig viele verschiedene Sportarten aus; vielleicht macht dir eine neue Sportart noch mehr Spaß als die, die du zurzeit überwiegend betreibst.

Überwiegend gelbe Smileys 😐

Deine sportlichen Anlagen sind gar nicht schlecht, leider bist du im Moment aber wahrscheinlich etwas untrainiert. Du schaffst alle Aufgaben, doch mit etwas Übung könntest du noch viel mehr und weitaus bessere Ergebnisse erreichen. Deine Kraft in Oberkörper, Armen und Beinen ist okay, doch deine Kondition lässt etwas zu wünschen übrig. Schau dir doch mal die Einzelergebnisse der Tests an und trainiere die im Kasten empfohlenen Übungen. Wenn du z. B. beim Balancieren Schwierigkeiten hast, dann mach doch mal die »Seiltanz-Übung«. Du wirst sehen, das fühlt sich sehr gut an. Falls du immer ein wenig Zeit brauchst, bis du auf Situationen reagierst, könntest du dies beispielsweise mit der Übung »Standhaft bleiben« schulen. Hüpfe doch auch mal ausgiebig mit deinen Freundinnen Gummitwist. Dieses Spiel macht riesigen Spaß und fördert gleichzeitig deine Geschicklichkeit, deine Sprungkraft und sogar deine Konzentrationsfähigkeit. Das bringt dir auch für die Schule was. Ist dein Ballgefühl ausgeprägt, kannst du zwar mit dem Ball gut umgehen. Doch wenn du ein noch besserer Volley- oder Fußballer sein möchtest, solltest du dafür deine Kondition trainieren. Renne täglich die Treppen rauf und runter, bis du aus der Puste kommst, das macht dich fit und du lernst auch, deine Füße und deinen ganzen Körper zu kontrollieren. Neben dem Schulsport solltest du noch einer weiteren sportlichen Aktivität nachgehen. Was hältst du von Turnen, Leichtathletik, Tennis oder Judo? Hast du schon einmal darüber nachgedacht, einem Sportverein beizutreten?

Überwiegend rote Smileys ☹

Deine Testergebnisse zeigen überwiegend rote Smileys! Warum? Hattest du keine Lust, die Testübungen richtig auszuführen? Interessierst du dich grundsätzlich nicht für Sport? Bist du ein eingefleischter Bewegungsmuffel und sitzt lieber vor deinem Computer und spielst? Oder bist du eine Leseratte, die sich durch nichts vom Lesen abhalten lässt? Selbst wenn deine Freunde draußen herumtoben? Fühlst du dich womöglich nicht richtig wohl? Bringst du derzeit zu viel Gewicht auf die Waage, sodass dir die Übungen zu schwerfielen? Denke mal über all diese Fragen nach. Eindeutig ist aber: Auch du brauchst Bewegung. Sicher nicht so viel wie ein Leistungssportler, aber doch eine ganze Menge mehr als jetzt. Und wenn du mal angefangen hast, dich mehr zu bewegen, wirst du auch mehr Spaß am Sport finden.

Falls dir bei den Testübungen irgendetwas wehgetan hat, so berichte das deinem Hausarzt. Der kann feststellen, woran das liegt. Wenn er nicht zu einer Diagnose kommt, schickt er dich zum Orthopäden. Der kann dir dann sagen, welche Übungen für dich am besten sind. Und auch, welche Sportart in deinem Fall die ideale wäre. Denn um gesund zu bleiben und um ordentlich zu wachsen, braucht jeder Mensch Bewegung – auch du!

Empfehlenswerte Übungen:

Wenn du die Fertigkeiten noch nicht ausreichend beherrschst, die für die Tests benötigt werden, probiere doch einfach die hier angegebenen Übungen aus. Du wirst sehen, schon nach ein wenig Training, wirst du bei den Tests bald besser abschneiden.

> **Haltungstest:** Standhaft bleiben, Muskel-Morsealphabet, Gummitwist, Seiltanz auf dem Boden (Seiten 152, 154, 155 und 156),

> **Liegestütz-Varianten:** Standhaft bleiben, Muskel-Morsealphabet, Gummitwist, Ballschleuder (Seiten 152, 154, 155 und 157),

> **Rumpfbeuge:** Standhaft bleiben, Muskel-Morsealphabet, Gummitwist, Ballschleuder (Seiten 152, 154, 155 und 157),

> **Bauchmuskeltest:** Standhaft bleiben, Gummitwist, Ballschleuder (Seiten 152, 155 und 157),

> **Einbein-Stand:** Standhaft bleiben, Gummitwist, Seiltanz auf dem Boden, Ballschleuder (Seiten 152, 155, 156 und 157),

> **Ballgefühl testen:** Standhaft bleiben, Muskel-Morsealphabet, Seiltanz auf dem Boden, Ballschleuder (Seiten 152, 154, 156 und 157),

> **Treppauf, treppab:** Standhaft bleiben, Gummitwist, Seiltanz auf dem Boden (Seiten 152, 155 und 156),

> **Rückwärts balancieren:** Standhaft bleiben, Seiltanz auf dem Boden, Ballschleuder (Seiten 152, 156 und 157).

Standhaft bleiben

BORIS BECKER » *Wenn du genügend Kraft hast und schnell reagieren kannst, wirst du in vielen Sportarten erfolgreich sein, das kann ich bestätigen. Wie viel Kraft und Geschicklichkeit du brauchst, um gegen einen Spielgegner wie hier Widerstand zu leisten, zeigt dir der folgende Test. Du kannst dafür nur deine Hände, aber auch zwei Gymnastikstäbe nehmen.* «

Koordination	★★★★★
Feinmotorik	★★★☆☆
Gleichgewicht	★★★★☆
Reaktion	★★★★☆
Muskelkraft	★★★★★

1 Stelle dich deinem Partner gegenüber. Die Beine sind etwa hüftbreit auseinander oder auf einer Linie hintereinander. Zunächst begrüßt du deinen Partner, dann legt ihr die Handflächen gegeneinander.

2 Nun versuchst du durch Drücken oder Schieben gegen die Handflächen deines Partners, ihn aus dem Gleichgewicht zu bringen, bis er seine Füße bewegen muss. Versuche dem Partner Widerstand zu leisten, ohne deine Fußstellung zu verändern.

WICHTIG: Wird diese Übung von zwei Kindern ausgeführt, sollte man dafür sorgen, dass sie sich altersmäßig, d. h. auch von den Kräften her in etwa entsprechen.

> Bei dieser Partnerübung geht es darum, auf den schnellen Wechsel von Anforderungen reagieren zu können. Voraussetzung dafür ist ein stabiler Rumpf und ein kräftiger Bewegungsapparat, beides wird mit dieser Übung in komplexer Weise trainiert. Zugleich wird der gezielte Krafteinsatz und die Schnellkraft geschult.

1 Jüngere Kinder haben ebenfalls Spaß an dieser Übung, die sich auch sehr gut mit Gymnastikstäben ausführen lässt. Stelle dich einem Erwachsenen gegenüber. Fasse mit jeder Hand einen Gymnastikstab, dein Partner fasst die Stäbe ebenfalls.

2 Nun versuchst du, mit aller Kraft und mit beiden Händen gegen den Widerstand des Partners, die Gymnastikstäbe zu dir heranzuziehen, ohne dass du deine Füße bewegst.

WICHTIG: Die Gymnastikstäbe können auch waagrecht gehalten werden. Allerdings muss dann darauf geachtet werden, dass keine Verletzungsgefahr im Bauchbereich besteht.

Muskel-Morsealphabet

> Mit dieser Übung kann man die vorderen und hinteren geraden und gekreuzten Muskelketten schulen und fördern, die für die Stabilität des Rumpfs und der Arme und Beine sorgen. Gleichzeitig wird die sensomotorische Wahrnehmung trainiert. Man braucht eine Gymnastikmatte und zwei Listen des Morsealphabets, das man leicht aus dem Internet beziehen kann (z. B. unter www.morse.de)

Koordination	★☆☆☆☆
Feinmotorik	★★★★★
Gleichgewicht	☆☆☆☆☆
Reaktion	★☆☆☆☆
Muskelkraft	★★★☆☆

1 Lege dich mit dem Bauch auf eine Gymnastikmatte. Deine Beine und Arme sind gestreckt. Winkle deinen rechten Arm an und lege den Unterarm auf die Matte. Du hast die Liste mit dem Morsealphabet vor dir liegen. Ein Erwachsener hält deinen linken Arm. Mit diesem gibst du nun Morsezeichen, indem du deinen Arm kurz oder lang gegen die Hand des Erwachsenen drückst. Nach einem Satz, wie z. B. »Lena hat eine Katze«, gibst du die Zeichen dann mit dem rechten Arm.

2 Du bleibst auf der Gymnastikmatte liegen und hast deine Arme und Beine ausgestreckt. Vor dir liegt das Morsealphabet, von dem du die Buchstaben ablesen kannst. Dein linker Unterschenkel liegt auf dem Oberschenkel eines Erwachsenen. Jetzt drückst du mit deinem linken Bein gegen das Bein des Partners und gibst entsprechende Morsezeichen. Nach einem Satz (siehe oben) gibst du die Zeichen mit dem rechten Bein.

Gummitwist

> Das bekannte und beliebte Hüpfspiel verbessert die Ausdauer, trainiert die Sprungkraft der Beine, fördert das Gleichgewichtsvermögen und die Fähigkeit, rhythmische Bewegungsabläufe zu absolvieren und – macht dazu noch riesigen Spaß. Man braucht dafür ein zusammengeknüpftes 2 bis 3 Meter langes Gummiband.

Koordination	★★★★★
Feinmotorik	★☆☆☆☆
Gleichgewicht	★★★★★
Reaktion	★★★★☆
Muskelkraft	★★★★★

1 Spanne das Gummiband um die Füße deiner beiden Mitspieler (oder um Tisch- oder Stuhlbeine). Sie stehen sich, die Gesichter zugewandt, einander gegenüber. Du hüpfst nun, in, auf oder zwischen diesem Gummiband in vorher verabredeten Sprungvarianten. Begehst du einen Fehler (z. B. Gummiband berühren, am Gummiband hängen bleiben, mit den Füßen auf dem falschen Gummiband landen, die Reihenfolge der Sprünge nicht einhalten), kommt der nächste Mitspieler an die Reihe.

2 Wenn du den Ablauf der vorher verabredeten Sprungvarianten bzw. Rhythmen geschafft hast, kommt der nächste Schwierigkeitsgrad dran. Das Gummiband wird dann eine Stufe höher (Knöchel, Wade, Knie, Gesäß) gespannt oder die Fußstellung der Mitspieler wird geändert (Füße weit auseinander, normale Stellung, eng zusammen, Gummiband wird nur um einen Fuß gespannt).

Seiltanz auf dem Boden

> Diese Seiltanz-Übung schult in besonderer Weise das Gleichgewichts- und Wahrnehmungsvermögen. Dadurch können Arm- und Beinbewegungen besser koordiniert werden. Auch ohne das Auge allzu sehr zu Hilfe zu nehmen, gelingt es dann immer besser, Bewegungsabläufe zu steuern. Man benötigt ein 5 bis 10 Meter langes Seil und Gymnastikschuhe.

Koordination	★★★★☆
Feinmotorik	★★☆☆☆
Gleichgewicht	★★★★★
Reaktion	★☆☆☆☆
Muskelkraft	★☆☆☆☆

1 Lege das Seil in einem Raum oder auf freiem Gelände auf den Boden. Balanciere nun auf dem Seil von einem Ende zum anderen, ohne den Boden zu berühren. Um das Gleichgewicht besser zu halten, strecke die Arme zur Seite weg. Am besten trägst du dünne Gymnastikschuhe oder machst die Übung sogar barfuß, dann spürst du das Seil besser.

2 Die Seiltanz-Übung kannst du auch rückwärts machen. Balanciere Schritt für Schritt rückwärts von einem Seilende zum anderen. Schwieriger wird es, wenn du zwischendrin mal in die Hocke gehst oder von einem Erwachsenen einen Ball zugeworfen bekommst, den du dann auffängst.

Ballschleuder

> Diese Übung erfordert ein gutes Zusammenspiel mit dem Partner, um die Aufgabe zu erfüllen. Insbesondere muss die Auge-Arm-Koordination mit den Aktionen des Partners abgestimmt werden. Dadurch wird die Aufmerksamkeit auf die eigenen Bewegungsabläufe und auf die des Partners gerichtet. Man braucht ein großes Tuch und einen Ball.

Koordination	★★★★☆
Feinmotorik	★★★★★
Gleichgewicht	★★☆☆☆
Reaktion	★★★☆☆
Muskelkraft	★★☆☆☆

1 Stelle dich mit dem Gesicht deinem Partner zugewandt auf. Deine Füße sind etwa hüftbreit auseinander. Jetzt fasst du mit beiden Händen das Ende eines Lakens oder Badetuchs und dein Partner fasst das Tuch ebenfalls, jedoch am anderen Ende, sodass sich eine kleine Mulde für den Ball ergibt.

2 Nun ziehst du gleichzeitig mit deinem Partner das Tuch so zu dir, dass es gespannt wird und der Ball in die Höhe springt. Dann lässt du gemeinsam mit dem Partner das Tuch wieder etwas lockerer, um den Ball wieder aufzufangen. Wie oft schaffst du es, den Ball in die Luft zu schleudern und wieder aufzufangen, ohne dass er den Boden berührt?

Mehr Bewegung für Schulkinder

Pausenhöfe von Grundschulen bieten überall das gleiche Bild und die gleiche Geräuschkulisse: Kaum läutet es zur großen Pause, geht ein wildes Gerenne und Geschrei los, das erst wieder endet, wenn zur nächsten Stunde gerufen wird. Kein Wunder, denn kaum kommt ein Kind in die Schule, muss es still sitzen – stundenlang und nicht nur mal zwischendurch im Stuhlkreis, wie zuletzt noch im Kindergarten. Grundschüler sitzen im Schnitt schon neun Stunden täglich auf Stühlen, Sesseln, Sofas. Von den Vierjährigen ist noch ein Drittel jeden Tag mindestens eine Stunde körperlich aktiv, bei den Viertklässlern ist es nur noch ein Achtel. Und in den Schulen spielt der Sport leider ein Nischendasein. Doch manchmal helfen schon einfache und preiswerte Dinge wie Softfußbälle, Sprungseile oder ein Basketballkorb weiter, um den Bewegungsdrang der Kinder in den Pausen zu unterstützen.

Mit drei Bällen zu jonglieren ist schon ganz schön schwierig und fordert eine gute Koordination.

Bewegungmuffel im Alltag?

Erwachsenen wird von Gesundheitsfachleuten empfohlen, jeden Tag mindestens 3000 Schritte extra zu gehen. Das entspricht einer halben Stunde Gehzeit in der Summe. Was für Erwachsene gut ist, wird Kindern kaum schaden, also lassen Sie das Auto zu Hause stehen und bringen Sie Ihr Kind zu Fuß zur Schule, oder mit dem Fahrrad. Auch zu Hause ergibt sich Bewegung oft von ganz allein, wenn Sie Ihr Kind dazu anhalten, gewisse Arbeiten zu übernehmen. Ideal sind kleine Botengänge wie Müll rausbringen, Altglas zum Container tragen oder die Post in den Briefkasten einwerfen. Muss das Zimmer gesaugt, der Rasen gemäht oder Schnee geschippt werden?

Den passenden Sport finden

Meistens fangen die Kinder in der Zeit des Schuleintritts mit ihrer ersten Sportart an, denn jetzt ist ihr Körper so weit entwickelt und gereift, dass sie gezielte Techniken lernen und auch anspruchsvollere Bewegungsmuster einüben können. Oft sind das Sportarten, die Freunde auch betreiben.

Rund zwei Drittel der Grundschulkinder sind Mitglied eines Sportvereins oder einer -schule und trainieren dort ein- oder zweimal pro Woche. Beliebt bei den Mädchen sind Turnen, Ballett und später auch Reiten, die Jungs bevorzugen meistens Fußball oder eine andere Ballsportart. Für Vereinssport spricht nicht nur die sportliche Erziehung, sondern viele andere Kriterien: Regelmäßiges Training, Kontakt mit Gleichaltrigen, qualifizierte Übungsleiter und erste Teamerfahrungen fördern nicht nur die körperliche, sondern auch die soziale Entwicklung. Außerdem ist der Sport gerade für Jungs oft die einzige Möglichkeit, außerhalb der Familie mit männlichen Erziehern und Vorbildern in Kontakt zu kommen.

> Die Hits der Kids – beliebte Sportarten für Grundschulkinder

Fußball – unangefochten auf Platz eins der Hitliste von Jungs. Etwa 1,5 Millionen Kinder unter 14 Jahren sind im Deutschen Fußball-Bund organisiert. Trainiert wird schon mit »Bambinis« ab vier Jahren. Im Grundschulalter spielen sieben Spieler auf einem halben Fußballfeld und auf kleine Tore. Konzentration, Reaktionsfähigkeit, Kraft und Schnelligkeit werden bei diesem Sport trainiert. Geschult werden aber auch Teamfähigkeit und Kooperationsbereitschaft der Kinder.

Turnen bedeutet nun mehr als das Spielen mit Turngeräten. Im Grundschulalter werden meistens Mädchen- und Jungsgruppen getrennt und beide beginnen mit den jeweils spezifischen Geräten: Die Mädchen mit Stufenbarren und Schwebebalken, die Jungs mit Reck, Ringen und Seitpferd. Leider werden Turngruppen für Jungs nicht in allen Vereinen angeboten, dabei fördert das Turnen auch gerade Fähigkeiten, die Jungs schätzen: Kraft, Schnelligkeit und Kondition.

Karate, Judo und Taekwondo sind auch für motorisch schwächere, schüchterne und bewegungsfaule Kinder gut geeignet. Ein Gruppendruck fällt hier weg, weil das Stufenprinzip mit den Gürteln nur den individuellen Fortschritt wertet. Die Kampfsportarten fördern Motorik, Schnelligkeit, Kraft, Beweglichkeit, Gleichgewichtssinn und Ausdauer. Die oft ritualisierten Trainingsabläufe – etwa bei Karate – sind eine gute Übung für Disziplin und Respekt vor dem Gegner. Hyperaktive Kinder lernen, sich in der Gruppe einzufügen und Rücksicht auf andere zu nehmen. Während Karate erst ab einem Alter von etwa neun Jahren empfohlen wird, können Judo und Taekwondo schon mit fünf Jahren begonnen werden.

Leichtathletik versammelt verschiedene Lauf-, Sprung- und Wurfdisziplinen – Bewegungsabläufe also, die Grundschulkinder aus ihrem Alltag kennen. Zum Training gehören Laufschulung, Sprints, Sprungläufe, Ausdauer- und Krafttraining. Je nach Gestaltung des Trainings werden dabei Grundfähigkeiten wie Ausdauer, Koordination, Technik und Schnelligkeit geübt. Obwohl Leichtathletik eine Einzelsportart ist, spielt das Team eine große Rolle. Gerade bei den Kleineren ist die Teamwertung bei Turnieren oft wichtiger als die individuell erzielten Punkte.

Tennis fordert die ganze Person. Der Rückschlagsport verlangt intensive Laufarbeit, hohe Konzentrationsfähigkeit und eine gute Auge-Hand-Koordination. Das Training fördert Schnelligkeit und Geschicklichkeit genauso wie Ausdauer und Reaktionsvermögen. Tennis wird mancherorts schon ab drei Jahren angeboten, wobei es in diesem frühen Stadium eher um die spielerische Gewöhnung an Ball und Schläger geht. Turniere bestreiten die Kinder in der Regel ab acht Jahren.

Beim Tennis sind Körper und Geist gefordert.

Tests & Übungen **für 12- bis 15-Jährige**

Sprung aus dem Stand, Klimmzughalten u. a.

Sprung aus dem Stand

BORIS BECKER » *Schnelligkeit und gutes Sprungvermögen brauchst du in vielen Sportarten. Auch beim Tennis hätte ich ohne Sprungvermögen keine Höchstleistung erbringen können. Deshalb musste ich während meiner gesamten Karriere hart daran arbeiten. Mit diesem Test kannst du herausfinden, wie gut du aus dem Stand abspringen kannst. Du brauchst für die Übung nur eine dunkle Wand und helle Kreide, mit der deine Finger markiert werden.* «

Koordination	★★★★☆
Feinmotorik	☆☆☆☆☆
Gleichgewicht	★☆☆☆☆
Reaktion	★☆☆☆☆
Muskelkraft	★★★★★

1 Stelle dich leicht seitlich vor die Wand, das Gesicht ist zur Wand gerichtet. Die Knie sind gestreckt. Nun tippst du mit gestrecktem Arm so hoch wie möglich an die Wand und markierst sie dort mit deinen Fingern. Das ist deine sogenannte Reichhöhe. Die Fersen bleiben dabei am Boden.

WICHTIG: Anlaufschritte sind nicht erlaubt, denn du möchtest doch herausfinden, wie gut du aus dem Stand springen kannst. Hole stattdessen mit deinen Armen aus, um Schwung zu bekommen und mache dazu eine kräftige Auftaktbewegung mit gebeugten Knien.

Auswertung: Wie groß ist der Unterschied zwischen Reich- und Sprunghöhe?

	12 bis 13 Jahre		14 Jahre		15 Jahre	
	Jungs	**Mädchen**	**Jungs**	**Mädchen**	**Jungs**	**Mädchen**
☺	> 43 cm	> 38 cm	> 50 cm	> 40 cm	> 55 cm	> 42 cm
😐	24 bis 43 cm	22 bis 38 cm	26 bis 50 cm	22 bis 40 cm	31 bis 55 cm	23 bis 42 cm
☹	< 24 cm	< 22 cm	< 26 cm	< 22 cm	< 31 cm	< 23 cm

2 Stelle dich nun 20 bis 30 Zentimeter seitlich vor die Wand. Springe mit beiden Beinen so hoch wie möglich aus dem Stand.

3 Mit gestrecktem Arm markierst du die Wand an der höchsten Stelle, die du erreichst (Sprunghöhe). Ein Erwachsener misst die Differenz zwischen Reichhöhe und Sprunghöhe.

Klimmzughalten

> Dieser Test zeigt schnell, wie kräftig die Muskulatur an den Armen ist. Daraus kann man auch auf die Leistung der Gesamtmuskulatur schließen. Im Sport, aber auch für leichtere Bewegungen im Alltag, brauchen wir eine ausgewogene Muskulatur an den Armen und Beinen. Die Übung kann an einer Sprossenwand oder am Türreck ausgeführt werden.

Koordination	★☆☆☆☆
Feinmotorik	☆☆☆☆☆
Gleichgewicht	☆☆☆☆☆
Reaktion	☆☆☆☆☆
Muskelkraft	★★★★★

1 Stelle dich an das Reck und greife so um die Stange, dass die Handinnenflächen zu dir gerichtet sind. Die Hände sind schulterbreit auseinander, die Nase ist auf Höhe der Stange. Ein Erwachsener oder ein Freund ruft dir »Los« zu. Daraufhin ziehst du dich mit den Armen hoch und hebst die Beine vom Boden ab. Dein Begleiter stoppt nun die Zeit und misst, wie viele Sekunden du es schaffst, die Nase über der Stange zu halten.

Auswertung: Wie lange kannst du den Klimmzug halten?

	12 bis 13 Jahre		14 Jahre		15 Jahre	
	Jungs	**Mädchen**	**Jungs**	**Mädchen**	**Jungs**	**Mädchen**
☺	> 35 Sek.	> 22 Sek.	> 42 Sek.	> 23 Sek.	> 47 Sek.	> 20 Sek.
😐	2 bis 35 Sek.	2 bis 22 Sek.	5 bis 42 Sek.	2 bis 23 Sek.	7 bis 47 Sek.	2 bis 20 Sek.
☹	< 2 Sek.	< 2 Sek.	< 5 Sek.	< 2 Sek.	< 7 Sek.	< 2 Sek.

Rumpfbeuge

BORIS BECKER » *Um sich ein Leben lang optimal bewegen zu können, ist es wichtig, dass die Wirbelsäule gut beweglich bleibt und die Muskulatur am ganzen Körper dehnfähig. Mit der Rumpfbeuge kannst du das überprüfen, denn du brauchst dazu eine biegsame Wirbelsäule und eine dehnbare Muskulatur im Rücken und in der Oberschenkelrückseite. Du benötigst für die Übung lediglich ein Podest oder eine Treppenstufe und einen Meterstab.* «

Koordination	★★★★☆
Feinmotorik	☆☆☆☆☆
Gleichgewicht	★★☆☆☆
Reaktion	☆☆☆☆☆
Muskelkraft	★★☆☆☆

1 Stelle dich so auf das Podest oder die Treppenstufe, dass sich die Zehenspitzen auf einer Linie mit der Stufenkante befinden. Die Beine sind leicht geöffnet, die Knie gestreckt. Die Arme werden gerade nach oben gestreckt. Jetzt beugst du dich weit nach vorn und versuchst, mit den Fingerspitzen so weit wie möglich nach unten zu kommen. Ein Erwachsener misst nun den Abstand zwischen den Fingerspitzen und dem Stufenrand, auf dem du stehst. Bist du sehr beweglich, fällt dein Ergebnis in den roten Bereich unter dem Stufenrand – das sind in der Auswertung die orangefarbenen Zahlen.

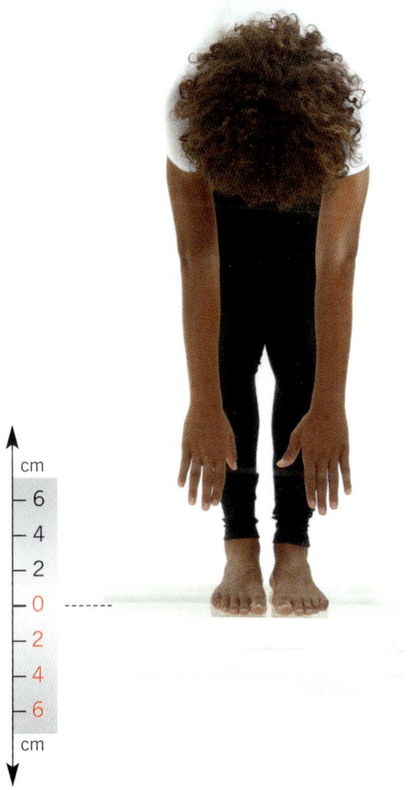

Auswertung: Wie weit sind die Fingerspitzen von der Standfläche entfernt?

	12 bis 13 Jahre		14 Jahre		15 Jahre	
	Jungs	**Mädchen**	**Jungs**	**Mädchen**	**Jungs**	**Mädchen**
😊	> 9 cm	> 14 cm	> 10 cm	> 14 cm	> 10 cm	> 15 cm
😐	9 bis 14 cm	14 bis 11 cm	10 bis 13 cm	14 bis 7 cm	10 bis 13 cm	15 bis 8 cm
☹	> 14 cm	> 11 cm	> 13 cm	> 7 cm	> 13 cm	> 8 cm

Rückwärts balancieren

> Auch in dieser Altersstufe wird die Koordination von Muskelarbeit und Sinnesarbeit, die man beim Balancieren braucht, noch weiter entwickelt. Da man nicht nach hinten sehen kann bei der Übung, steht die taktile Wahrnehmung ganz im Vordergrund, mithilfe derer man den Balken rückwärts erspürt. Er sollte je 10 Zentimeter breit und hoch und 2 Meter lang sein. Als Anfangsplateau braucht man noch ein paar Bücher.

Koordination	★★★★★
Feinmotorik	★★☆☆☆
Gleichgewicht	★★★★★
Reaktion	★☆☆☆☆
Muskelkraft	☆☆☆☆☆

1 Lege zuerst die Bücherinsel an ein Ende des Balkens. Stehe dann mit beiden Füßen auf der Bücherinsel, den Balken im Rücken. Gehe nun vorsichtig rückwärts, indem du mit den Armen das Gleichgewicht hältst. Mit den Füßen ertastest du bei jedem Rückwärtsschritt den Balken. Wenn du mit einem Fuß den Boden berührst, beginnst du wieder von vorn an der Bücherinsel.

2 Ein Begleiter zählt, wie oft du rückwärts aufsetzen kannst, ohne danebenzutreten. Ausgewertet wird die Anzahl an Schritten, die du bei dreimaligem Überschreiten des Balkens setzen kannst. Das erste Fußaufsetzen wird dabei noch nicht mitgewertet. Schaffst Du eine Bahn fehlerfrei, bekommst du unabhängig von der Zahl der Schritte pro Bahn trotzdem 8 Punkte.

Auswertung: Wie viele Schritte schaffst du fehlerfrei?

	12 bis 13 Jahre		14 Jahre		15 Jahre	
	Jungs	**Mädchen**	**Jungs**	**Mädchen**	**Jungs**	**Mädchen**
☺	> 17	> 17	> 17	> 18	> 18	> 18
😐	16 bis 17	16 bis 17	16 bis 17	17 bis 18	17 bis 18	17 bis 18
☹	< 16	< 16	< 16	< 17	< 17	< 17

Fest auf einem Bein

BORIS BECKER » *Der Erfolg eines Sportlers hängt davon ab, wie gut er auch in extremen Situationen die Balance halten kann und wie dann sein Reaktionsvermögen funktioniert. Man bleibt am leistungsfähigsten in ungewohnten Situationen, wenn man möglichst viele Bewegungsarten betreibt. Um mit dieser Übung abzuschätzen, wie gut deine Fertigkeiten ausgebildet sind, brauchst du nur einen niedrigen Hocker.* «

Koordination	★★★★★
Feinmotorik	★★★☆☆
Gleichgewicht	★★★★★
Reaktion	★☆☆☆☆
Muskelkraft	☆☆☆☆☆

1 Stelle dich mit einem Fuß auf den Hocker. Das andere Bein (Spielbein) und deine waagrecht gehaltenen Arme benutzt du zum Ausbalancieren. Wenn du mit deinem Spielbein entweder den Hocker oder sogar den Boden berührst, versuchst du, das Gleichgewicht schnell wiederherzustellen, indem du das Spielbein wieder anhebst. Dein Begleiter stoppt die Zeit und zählt mit, wie oft du innerhalb einer Minute den Hocker oder den Boden berührst, bei mehr als 15 Fußkontakten in einer halben Minute wird der Test abgebrochen.

Auswertung: Wie oft musst du dich mit dem Spielbein stützen?

	12 bis 13 Jahre		14 Jahre		15 Jahre	
	Jungs	**Mädchen**	**Jungs**	**Mädchen**	**Jungs**	**Mädchen**
☺	< 4	< 4	< 2	< 3	< 4	< 2
😐	4 bis 16	4 bis 18	2 bis 13	3 bis 16	4 bis 16	2 bis 12
☹	> 16	> 18	> 13	> 16	> 16	> 12

Treppen steigen

> Erwachsene beneiden Kinder oft um ihre Ausdauer und Kondition. Eine gute Ausdauer hat man dann, wenn der Stoffwechsel in den Muskeln gut funktioniert, d. h., Sauerstoff und Nährstoffe müssen in ausreichendem Maße vorhanden sein und verbrauchte Stoffe auch wieder abtransportiert werden. Wie es darum steht, zeigt dieser Test. Man braucht nur eine Treppenstufe und eine Stoppuhr dafür.

Koordination	★★★★☆
Feinmotorik	★★☆☆☆
Gleichgewicht	★★☆☆☆
Reaktion	★☆☆☆☆
Muskelkraft	★★★★★

1 Vor dem Test misst ein Erwachsener an deinem Handgelenk etwa 10 Sekunden lang deinen Ruhepuls. Dafür darfst du dich vorher mindestens 5 Minuten körperlich nicht betätigt haben. Das Ergebnis wird mit dem Faktor 6 multipliziert. Stelle dich nun vor die Treppenstufe und beginne, innerhalb einer Minute etwa 40-mal die Stufe hinauf- und wieder herabzusteigen. Achte darauf, oben auf der Stufe und auch am Boden jeweils kurz die Füße nebeneinanderzustellen und die Knie dabei durchzudrücken. Nach 2 Minuten misst ein Erwachsener deinen Erholungspuls. Die Differenz von Ruhe- und Erholungspuls gilt als Testergebnis.

Auswertung: Wie ist die Differenz zwischen Ruhe- und Erholungspuls?

	12 bis 13 Jahre		14 Jahre		15 Jahre	
	Jungs	**Mädchen**	**Jungs**	**Mädchen**	**Jungs**	**Mädchen**
☺	< – 4	< 0	< 0	< 2	< 1	< 3
😐	– 4 bis 53	0 bis 61	0 bis 52	2 bis 47	1 bis 57	3 bis 50
☹	> 53	> 61	> 52	> 47	> 57	> 50

Zielwerfen auf eine Scheibe

> Für alle Bewegungsabläufe im Sport und im Alltag ist es wichtig, dass man seine Bewegungen gut steuern kann. Ein gutes Zusammenspiel zwischen Hand und Auge hilft dabei, Arme und Oberkörper koordiniert zu bewegen. Für diesen Test braucht man einen Tennisball, ein Seil und an der Wand eine Zielscheibe, deren Aufbau du auf Seite 147 sehen kannst.

Koordination	★★★★☆
Feinmotorik	★★★★☆
Gleichgewicht	★★☆☆☆
Reaktion	★★☆☆☆
Muskelkraft	★★☆☆☆

1 Im Abstand von 3 Metern von der Zielscheibe (in 1,5 Meter Höhe) wird auf dem Boden ein Seil als Abwurflinie markiert. Stelle dich nun aufrecht hinter die Abwurflinie und nimm einen Tennisball zur Hand. Jetzt nimmst du weit über die Schulter Schwung, zielst und wirfst den Ball auf die Scheibe. Versuche, dabei möglichst das kleine Quadrat zu treffen. Du hast zwei Versuche mit je fünf Würfen. Wobei das kleine und mittlere Quadrat je 3 Punkte zählen, und das große 1 Punkt. Es zählt die Gesamtsumme aller zehn Würfe.

Auswertung: Wie viele Punkte hast du?

	12 bis 13 Jahre		14 Jahre		15 Jahre	
	Jungs	Mädchen	Jungs	Mädchen	Jungs	Mädchen
☺	> 20	> 19	> 21	> 20	> 23	> 21
😐	13 bis 20	10 bis 19	16 bis 21	13 bis 20	18 bis 23	15 bis 21
☹	< 13	< 10	< 16	< 13	< 18	< 15

Weitsprung aus dem Stand

BORIS BECKER » *Diese Übung zeigt dir, wie stark deine Muskulatur an den Beinen ist und wie ausgeprägt die Koordination von Oberkörper und Beinen bei der Landung ist. Draußen brauchst du ein Sprungseil als Absprunglinie, innen eher ein Tapeband auf dem Boden. Um die Sprunglänge zu messen, legst du dir einen Meterstab in Sprungrichtung aus.* «

Koordination	★★★★☆
Feinmotorik	☆☆☆☆☆
Gleichgewicht	★☆☆☆☆
Reaktion	★☆☆☆☆
Muskelkraft	★★★★★

1 Stelle dich barfuß vor die Absprunglinie, die Beine parallel. Mit den Armen nimmst du kräftig Schwung, die Knie sind zum Schwungholen ebenfalls gebeugt. Jetzt springe mit einer kräftigen Auftaktbewegung mit beiden Beinen vom Boden ab und versuche dabei, so weit wie möglich am Meterstab entlangzuspringen.

Auswertung: Wie viele Zentimeter weit kannst du springen?

	12 bis 13 Jahre		14 Jahre		15 Jahre	
	Jungs	Mädchen	Jungs	Mädchen	Jungs	Mädchen
🙂	> 180	> 165	> 180	> 160	> 200	>165
😐	160 bis 180	140 bis 165	170 bis 180	140 bis 160	185 bis 200	145 bis 165
🙁	< 160	< 140	< 170	< 140	< 185	< 145

> Anders als bei dem Hochsprung aus dem Stand, wird hier nicht das vertikale, sondern das horizontale Sprungvermögen des Kindes bewertet. Kraft, vor allem von der Hüfte abwärts, und Koordination sind hierfür notwendig – zwei Fertigkeiten, die man nicht nur beim Tennisspielen, sondern auch in anderen Ballsportarten, wie Handball, Basketball oder Fußball, braucht.

2 Achte bei der Landung darauf, dass du auf dem Boden bleibst und nicht nach hinten fällst oder greifst. In diesem Fall zählt der Versuch nicht. Und auch nicht, wenn du mit dem Fuß nach hinten trittst. Du hast zwei Versuche, wobei der bessere zählt. Gemessen wird die Distanz von der Absprunglinie bis zur Ferse des hinteren Beines.

Was bedeuten die Testergebnisse?

Überwiegend grüne Smileys

Super, du stehst ganz oben auf dem Siegerpodest. Das bedeutet, dass du rundum fit und talentiert bist für die meisten Sportarten. Du verfügst nicht nur über eine optimale Sprungkraft, sondern auch über kräftige Arm- und Beinmuskeln. Gleichzeitig hast du im Bereich der Gelenkigkeit und der Dehnfähigkeit optimal abgeschnitten. Deine Balancefähigkeit ist ebenso gut ausgebildet wie dein Reaktionsvermögen und deine Auge-Hand-Koordination. Vermutlich treibst du in deiner Freizeit schon sehr viel Sport, denn du zeigst daneben Ausdauer und Kondition für viele Bewegungsaufgaben. Treibe weiter regelmäßig Sport, dann bleibst du so gut in Form. Vielleicht hast du auch mal Lust auf die Übungen ab Seite 174? Klasse ist natürlich auch, wie treffsicher du bist. Treibst du denn bereits einen Ballsport? Wenn nicht, dann solltest du es mal versuchen, wahrscheinlich wäre das unter anderem eine Sportart, die dir Spaß machen könnte und die du vor allem gut mit Gleichaltrigen treiben könntest. Wenn du so weitermachst, wirst du sicher mal aufs Siegertreppchen bei dieser Ballsportart steigen.

Gerade die Bewegungssteuerung gilt es in dieser Altersgruppe zu trainieren, wie hier bei dem Hüpfspiel.

Überwiegend gelbe Smileys

Im Prinzip bist du »guter« Durchschnitt. Die Reihe gelber Smileys bestätigen dir das. Aber eigentlich weißt du, dass du noch mehr leisten kannst. Vielleicht hattest du heute einen nicht so guten Tag. Versuche doch, die Tests einfach dann noch mal zu wiederholen, wenn du dich wohler fühlst und du wieder besser in Form bist. Dann fällt das Ergebnis womöglich um einiges besser aus. Denn was deine Muskelkraft betrifft, hast du insgesamt gar nicht so schlecht abgeschnitten. Auch deine Sprungkraft ist ganz gut, könnte aber noch um einiges verbessert werden, beispielsweise mit der Übung auf Seite 174. Das macht Spaß und geht ganz leicht. In Sachen Beweglichkeit, Balancefähigkeit und Koordination übertriffst du vermutlich deine Freunde, wahrscheinlich stehst du ab und zu auf deinem Skateboard. Tu das ruhig öfter. So würdest du auch deine Kondition verbessern. Und das würde dir auch was für den Schulsport bringen. Schließlich willst du da ja unter den Ersten sein, die in die Mannschaft gewählt werden. Auch wenn deine Treffsicherheit ein wenig zu wünschen übrig lässt, solltest du dir nichts daraus machen. Das lässt sich wirklich gut trainieren, z. B. beim Basketball, Hand- oder Völkerball. Probier's doch einfach mal aus!

Überwiegend rote Smileys ☹

Was ist los mit dir? Du bist mit den Testergebnissen im Bereich der roten Smileys, die gar nicht mehr lächeln, gelandet. Das ist schade. Deine Ergebnisse sind zwar in einigen Bereichen wie Kraft, Gleichgewicht, Balancefähigkeit oder Koordination gerade noch »ausreichend«, doch das ist für dein Alter nicht genug! Schon mit nur ein wenig Sport könntest du dein Körpergefühl und deine Ausdauer um einiges verbessern. Probier es doch mal mit Turnen, Judo, Karate oder Schwimmen. Diese Sportarten fördern Konzentrationsfähigkeit, Koordination sowie Gelenkigkeit und Dehnfähigkeit. Und falls du bisher mit Bällen nichts anfangen konntest, ist das nicht weiter schlimm. Auch Ballgefühl lässt sich nämlich trainieren. Du musst nur mal anfangen, dann wirst du sehen, wie viel Spaß es macht, mit anderen zusammen hinter einem Ball herzujagen, entweder in einem Verein, beim Völkerball auf der Straße oder bei einem spontanen Beachvolleyballspiel. Vergiss deine Bequemlichkeit, lass deine Bücher und deinen Computer auch mal allein. Treffe dich mit Freundinnen und Freunden zum Radeln, zum Frisbeespielen oder einfach zum Spazierengehen. Oder fahr doch ab morgen mit dem Fahrrad zur Schule, auch das trainiert den Körper. Hauptsache, du bewegst dich mehr! Denn irgendwann willst du ja doch fit, stark und straff sein, und dafür musst du einfach was tun. Das Beste ist, du fängst gleich heute mit den Übungen ab Seite 174 an, die dir sicher schon bald leichtfallen werden.

Empfehlenswerte Übungen:

Schau dir noch einmal genau an, bei welchen Tests du gelbe oder rote Smileys erzielt hast. Viele Fertigkeiten sind reine Übungssache. Wenn du ein wenig trainierst, kannst du dich selbst schon innerhalb kurzer Zeit verbessern. Diese Übungen trainieren die Fertigkeiten, die bei den angegebenen Tests vorausgesetzt werden:

> **Sprung aus dem Stand:** Spannendes Wagenrennen, Spiegelbild beim Sport, Schattenboxen mit Theraband, Wasserski zu Hause (siehe Seite 174, 176, 177 und 179),

> **Klimmzughalten:** Spiegelbild beim Sport, Schattenboxen mit Theraband, Wasserski zu Hause (siehe Seiten 176, 177 und 179),

> **Rumpfbeuge:** Spiegelbild beim Sport, Zwillingslauf mit Theraband, Wasserski zu Hause (siehe Seite 176, 178 und 179),

> **Rückwärts balancieren:** Spannendes Wagenrennen, Spiegelbild beim Sport, Zwillingslauf mit Theraband, Wasserski zu Hause (siehe Seite 174, 176, 178 und 179),

> **Fest auf einem Bein:** Spiegelbild beim Sport, Schattenboxen mit Theraband, Zwillingslauf mit Theraband, Wasserski zu Hause (siehe Seite 176, 177, 178 und 179),

> **Treppen steigen:** Spannendes Wagenrennen, Schattenboxen mit Theraband, Zwillingslauf mit Theraband, Wasserski zu Hause (siehe Seiten 174, 177, 178 und 179),

> **Zielwerfen auf eine Scheibe:** Spiegelbild beim Sport, Schattenboxen mit Theraband, Wasserski zu Hause (siehe Seite 176, 177 und 179),

> **Weitsprung aus dem Stand:** Spannendes Wagenrennen, Spiegelbild beim Sport, Schattenboxen mit Theraband, Wasserski zu Hause (siehe Seite 174, 176, 177 und 179).

Spannendes Wagenrennen

> Pferdchen spielen einmal anders: Mit dieser Partnerübung kann man mit viel Spaß daran arbeiten, den gezielten Krafteinsatz des Kindes zu verbessern und das Gleichgewichtsvermögen zu schulen – und dies unter sich schnell ändernden Bedingungen. Man braucht einen Wagenlenker, noch einen zweiten Partner (im 3. Schritt), ein Theraband oder ein Seil.

Koordination	★★★★★
Feinmotorik	★★☆☆☆
Gleichgewicht	★★★★☆
Reaktion	★★★★☆
Muskelkraft	★★★★★

1 Das Theraband wird von der Mitte aus um dein Becken gelegt, wobei die beiden Enden vom Wagenlenker mit je einer Hand ganz fest gehalten werden. Jetzt läufst du als Pferd nach vorn und wirst dabei vom Wagenlenker abgebremst. In dieser ersten Variante läufst du nur gerade nach vorn, weitere Varianten folgen.

WICHTIG: Durch die Anspannung der Muskeln bei der Übung wird sich die Kraft des Kindes insgesamt steigern. Auch das Zusammenspiel zwischen den Muskeln, also ihre Koordination, sollte sich verbessern.

2 Spüre nun durch den einseitigen Zug des Wagenlenkers am Theraband oder am Seil, in welche Richtung du laufen sollst. Rechts oder links? Der Lenker kann dir auch zurufen, in welche Richtung du wechseln sollst. Versuche, möglichst schnell auf den Zuruf oder den Zug des Therabands zu reagieren.

3 Versuche nun mit aller Kraft, dich in das Theraband zu stemmen und nach vorn zu laufen. Strecke die Arme weit aus und probiere, mit deinen Händen die dir entgegengestreckten Hände eines weiteren Partners zu berühren. Der Wagenlenker steht auf der Stelle, hält das Band fest und gibt nicht nach.

Spiegelbild beim Sport

> Reaktionsvermögen, das Erspüren des Widerstands und Steuerung des Krafteinsatzes – diese komplexen Vorgänge lassen sich mit dieser Übung effektiv verbessern. Außerdem schult sie auch das Gleichgewichtsvermögen. Der Übungspartner gibt Bewegungsabläufe vor, die das Kind spiegeln soll. Das Theraband verbindet beide Partner.

Koordination	★★★★☆
Feinmotorik	★★☆☆☆
Gleichgewicht	★★★★☆
Reaktion	★★★★☆
Muskelkraft	★★★★★

1 Stelle dich im Abstand von 1 bis 2 Metern deinem Begleiter gegenüber und fixiere das Thearaband gut um deine beiden Handgelenke. Dein Gegenüber fasst das Band nun in der Mitte mit beiden Händen und hält es gut fest. Jetzt führt dein Partner langsame Bewegungen aus, die du als Spiegelbild dann direkt nachvollziehst. Er streckt beispielsweise beide Arme nach oben.

2 Die Bewegungen deines Gegenübers variieren jetzt. Er schreitet einen Schritt zur Seite nach rechts oder nach links, ändert die Armhaltung oder wandert an einer nicht vorhandenen Scheibe wie eine Pantomime entlang. Versuche, dich möglichst schnell auf die Bewegungen deines Partners einzustellen, die Übung jedoch so langsam wie er bzw. im selben Tempo auszuführen.

Schattenboxen mit Theraband

> Mit Kraft gegen Widerstände arbeiten – auf diese Weise wird beim Schattenboxen mit einem Theraband die Muskulatur der Arme gestärkt und der Oberkörper stabiler. Durch die Anstrengung wird nebenbei auch das Herz-Kreislauf-System in Schwung gebracht und die Ausdauer gestärkt. Man braucht zwei Therabänder (lang und kurz) und ein Kissen.

Koordination	★★★★☆
Feinmotorik	★☆☆☆☆
Gleichgewicht	★★★☆☆
Reaktion	★★☆☆☆
Muskelkraft	★★★★★

1 Du wickelst dir die Mitte eines etwa 2 Meter langen Therabands in enger Schrittstellung 1- bis 2-mal um den Fuß. Das Ende des Therabands hältst du mit den Händen so fest, dass es bei angewinkelten Armen eine leichte Spannung hat. Dein größerer Partner, ob Kind oder Erwachsener, hält ein Kissen vor sich, um deine tänzelnden Boxschläge abzuwehren. Diese deutest du entweder nur an oder führst sie gegen das Kissen aus. Dein Partner knotet sich ein kürzeres Theraband oberhalb der Fußknöchel um beide Unterschenkel, um einen stärkeren Widerstand in den Beinen zu haben.

WICHTIG: Beim Schattenboxen gegen den Widerstand des Therabands werden auch Aggressionen abgebaut. Es können auch beide Partner gleich ausgestattet sein: ohne Kissen, jedoch mit 2 Meter langem Theraband. Sie dürfen sich dann aber nicht berühren.

Zwillingslauf mit Theraband

> Einen Zwillingslauf gibt es in vielen Varianten. Haben die »Zwillinge« ein kurzes Theraband um die Knöchel, bewegen sie sich gegen den Widerstand mit gezielter Kraft. Man braucht ein gutes Reaktionsvermögen, um sich schnell auf den Partner einzustellen. Dadurch lernt der Körper, komplexe Bewegungsabläufe besser zu steuern.

Koordination	★★★★★
Feinmotorik	★★★☆☆
Gleichgewicht	★★★★★
Reaktion	★★★★★
Muskelkraft	★★★☆☆

1 In dieser Zwillingslauf-Variante lauft ihr hintereinander, wobei der vordere Partner die Richtung angibt. Alle Aufgaben führt ihr gleichzeitig aus, d. h. synchron. Ihr könnt beispielsweise zunächst einmal vorwärts- und rückwärtslaufen. In einer weiteren Variante könnt ihr euch auch einen Parcours aufbauen, den ihr zusammen durchlauft.

WICHTIG: Die Zwillingslauf-Übung kann auch als teambildende Maßnahme gesehen werden, da die beiden Übungspartner kooperieren müssen, um erfolgreich zu sein. Dies weckt das Vertrauen in die gemeinsame Stärke und fördert spielerisch die Kommunikation.

Wasserski zu Hause

> Wer wollte nicht gern einmal Wasserski fahren – und dann noch zu Hause. Da der Untergrund bei dieser Übung nicht stabil ist, wird besonders die muskuläre Kraft und das Gleichgewicht des Wasserskifahrers gefördert. Die Partner müssen auch gut miteinander kooperieren. Für die Übung braucht man zwei Handtücher und ein 2 Meter langes Theraband.

Koordination	★★★☆☆
Feinmotorik	★★★★☆
Gleichgewicht	★★★★★
Reaktion	★★★★★
Muskelkraft	★★★☆☆

1 Lege zwei Handtücher so auf den Boden, dass du hüftbreit darauf stehen kannst. Halte das Theraband mit beiden Händen in der Mitte gut fest. Die beiden Enden schlingt sich der Bootsfahrer um die Hand. Das Boot stemmt sich nun nach vorn und zieht den Wasserskifahrer mit. Balanciere nun gegen den Widerstand deine Haltung als Wasserskifahrer aus und versuche, so lange wie möglich stehen zu bleiben.

In der Pubertät hilft Sport viel

Sind die Kinder in der Pubertät, werden Eltern plötzlich peinlich und die Kinder den Eltern fremd. Bei vielen Jugendlichen ändern sich auch die sportlichen Aktivitäten und der Bewegungsdrang nimmt ab. Doch die erste Regel für Eltern, deren Kinder plötzlich keine Lust mehr auf Sportverein haben, heißt: Entspannung. Es ist nicht schlimm, wenn aus dem Mittelstürmer der D-Jugend kein Profifußballer wird und wenn die turnende Tochter keine Lust mehr auf Flickflack und gespreizte Übungen hat. In der Pubertät wird oft alles infrage gestellt. Die Kinder müssen eine neue Rolle finden, und dazu kann auch gehören, dass die bisher mit Begeisterung ausgeübte Sportart nicht mehr passt. Nur wenn die Unlust sehr groß ist und dieses Gefühl über mehrere Wochen oder Monate anhält, ist wirklich die Zeit gekommen, sich etwas anderes zu überlegen. Denn wichtig ist, dass die Kinder nicht ganz aufhören, Sport zu treiben. Gerade in der Pubertät hilft der Sport vielen Jungs und Mädchen über die schwierige Zeit hinweg und mildert die Auswirkungen. Sport stärkt das Selbstbewusstsein, das durch Pubertätskrisen und Pickel mitunter doch stark angegriffen ist, und Sport macht attraktiv fürs andere Geschlecht. Sportliche Jungs finden die meisten Mädchen cool, und sportliche Mädchen haben die schöneren Figuren.

Pelota heißt das Spiel, das im Baskenland ein Volkssport ist und auch hierzulande schon vielen Spaß macht.

Nicht zu spät für Quereinsteiger

Wenn ein Kind seinen Sport aufgeben möchte, überlegen Sie also Alternativen. Es gibt eine Reihe von Sportarten, die jetzt erst sinnvoll sind: Handball etwa oder Basketball. Mit 12 oder 13 Jahren ist es keineswegs zu spät, eine ganz neue Disziplin zu lernen. Manche Kinder, die bisher eher träge Bewegungsmuffel waren, haben in der Pubertät sogar plötzlich Lust auf Sport. Oft sind es Freunde, die die Kinder dazu animieren. Nehmen Sie sich für die Auswahl einer neuen Disziplin oder eines neuen Sportvereins Zeit. Manche Vereine sind sehr stark auf Leistung ausgerichtet und fördern nur erfolgreiche Mannschaften oder Sportler. Quereinsteiger können es hier schwerer haben als in einem auf breite Jugendarbeit ausgerichteten Verein. Dort spielen die Mannschaften selten höher als in der Bezirksliga, und in den Trainingseinheiten sind oft mehrere Altersstufen zusammengefasst.

Straßensport als Alternative

In den letzten Jahren ist ein neuer Trend entstanden: der Straßensport, wie z. B. Streetbasketball oder Skateboardfahren. Diese Aktivität allerdings verlangt mehr Eigeninitiative, weil man sich die Mitspieler selbst suchen und sich mit ihnen verabreden muss. Die Dinge selbst in die Hand zu nehmen ist jedoch in diesem Alter oft das, worum es eigentlich geht. Unterstützen Sie als Eltern die Kinder mit dem nötigen Sportgerät und zeigen Sie gelegentlich Interesse, indem Sie einmal eine Viertelstunde zuschauen. Dann sehen Sie auch, mit wem Ihr Kind zusammen ist, und können später mit ihm über seine neuen Freunde reden.

Sportliche Wochenendplanung

Wenn Freunde zum Sonntagsausflug mitkommen, lässt sich das Alter noch etwas hinausschieben, in dem die Ausflugs-Verweigerung einsetzt, vor allem wenn der Abenteuerfaktor stimmt. Attraktive und gleichzeitig bewegungsintensive Wochenendbeschäftigungen für Jugendliche sind beispielsweise ein Aufenthalt auf einer Berghütte, zu der man erst aufsteigen muss und auf der man sich selbst versorgen muss. Auch Klettern ist wieder angesagt bei jungen Leuten oder die sportlichere Variante, das Bouldern. Hierzu reicht eine Felswand oder ein künstlich angelegter Klettergarten. Da man dazu etwas Technik und eine Ausrüstung braucht, empfiehlt sich für Anfänger ein Jugendkurs.

Sportlicher Winterspaß

Im Winter sind Skifahren und vor allem Snowboarden attraktive Unternehmungen, wobei viele Jugendliche das »coolere« Snowboarden bevorzugen. Dennoch spielt das Skifahren seit der Entwicklung der wendigen Carvingskier auch bei Jugendlichen wieder eine größere Rolle. Beide Wintersportarten sind allerdings kostspielig. Zwar kann man Brett bzw. Skier und Schuhe auch in Sportgeschäften leihen, dennoch ist gute Wintersportkleidung auch eine Voraussetzung dafür, dass man Spaß an diesem Sport hat und nicht friert. Eine preiswerte Wintersportvariante ist das Rodeln. An manchen Rodelbahnen gibt es Lifte, die den langen Aufstieg verkürzen.

Bewegungsangebote im Sommer

Im Sommer ist es relativ leicht, attraktive Sportangebote zu machen. Abenteuerlich z. B. sind Flusswanderungen per Boot, vor allem wenn es zwischendurch auch ein paar Stromschnellen gibt. Wer gern auf dem Wasser ist, kann seine heranwachsenden Kinder sicher für das Segeln oder das Surfen begeistern. Doch Surfen und besonders die trendige Variante Kitesurfen erfordern am Anfang etwas Durchhaltevermögen, bis die Grundfertigkeiten ausgebildet sind und der Spaß losgeht. Beide Sportarten schulen die Wahrnehmung, weil sich Segler und Surfer auf Wind und Wellenbewegung einstellen müssen. Der Gleichgewichtssinn wird geschult, und ab einer gewissen Geschwindigkeit auf dem Wasser stellt sich das berühmte Gefühl des Kicks ein, der fast alle begeistert, die ihn schon einmal erlebt haben.

Aktiv im Urlaub

Die Jahre zwischen 12 und 15 sind für viele Familien die letzten, in denen sie gemeinsam in die Ferien fahren. Doch schon in der frühen Pubertät kann der reine Pauschal-Erholungsurlaub sehr anstrengend für Eltern wie Kinder werden, weil keiner auf seine Kosten kommt. Die Jugendlichen langweilen sich, und die Erwachsenen finden keine Erholung. Eine gute Idee in dieser Phase ist der Urlaub in einem Familien-Sportcamp. Es gibt Sporthotels oder -anlagen mit eigenem Schulungsangebot in zahlreichen Sportarten. Das Prinzip: wohnen und essen gemeinsam, aber Sport getrennt. Das ist für viele Familien eine größere Erholung als alles gemeinsam zu unternehmen. Weniger sportliche Eltern können ihre Kinder auch in diesem Alter schon in eines der zahlreichen Feriencamps reisen lassen. Ob es ein kombiniertes Sprach- und Sportcamp ist oder eine Kletterwoche mit dem Alpenverein – es gibt Angebote für alle Bedürfnisse.

Tests & Übungen für 16- bis 18-Jährige

Tiefe Kniebeuge, Hürdenschritt u. a.

Tiefe Kniebeuge

BORIS BECKER » *Aus Erfahrung weiß ich, dass die Leistungsfähigkeit nicht nur von den Muskeln, sondern zu einem großen Teil auch von den Gelenken abhängt. Denn der Körper ist nur so leistungsfähig wie sein schwächstes Teil. Mit diesem Test findest du heraus, wie beweglich bei dir Schultern, Rumpf, Hüfte, Knie und Sprunggelenke sind. Du brauchst dafür einen Gymnastikstab, ein Tapeband und einen Türrahmen.* «

Koordination	★★★☆☆
Feinmotorik	★☆☆☆☆
Gleichgewicht	★★★★★
Reaktion	★☆☆☆☆
Muskelkraft	★★★★☆

1 Klebe mit einem Tapeband eine Markierungslinie senkrecht zum Türrahmen (hier durch Stangen symbolisiert) im Abstand von einer Fußlänge auf den Boden. Stelle dich dann mit Blick zum Türrahmen aufrecht hin, deine Füße sind schulterbreit auseinander. Greife mit beiden Händen etwa schulterbreit einen Gymnastikstab und führe ihn mit den Armen über den Kopf. Halte den Stab immer waagrecht.

WICHTIG: Falls du Schmerzen bei der Bewegung spürst, musst du auf alle Fälle zum Hausarzt oder zum Orthopäden gehen und dich untersuchen lassen.

2 Beuge nun die Kniegelenke und gehe langsam in die tiefe Hocke. Die Arme sind dabei in den Ellbogen gestreckt und halten den Gymnastikstab waagrecht über dem Kopf. Die Fußsohlen und die Fersen dürfen den Bodenkontakt nicht verlieren und sich auch nicht nach außen oder innen drehen.
Führe die tiefe Kniebeuge so sorgfältig aus, dass du während der Bewegung weder mit dem Gymnastikstab noch mit dem Kopf oder dem Gesicht an die Wand oder an den Türrahmen stößt.

3 Führe die Bewegung 3-mal hintereinander aus. Dabei ist es wichtig, dass du darauf achtest, dass du mit geradem Oberkörper in die tiefe Hocke gehst und den Oberkörper nicht vorbeugst. Auch der Kopf sollte nicht nach unten, sondern nach vorn gerichtet sein. Getestet wird, wie gut dir diese Übung gelingt.

Welche Kriterien erfüllst du?	Punkte		
Die Fersen bleiben am Boden.	2	Die Ellbogen bleiben gestreckt über dem Kopf.	2
Die Hüfte kann tiefer als Kniehöhe gesenkt werden.	4	Die Stange berührt den Türrahmen nicht.	4
Die Knie ragen nicht über die Zehenspitzen hinaus.	3	Die Stange wird waagrecht gehalten.	3

Auswertung:	
	16 bis 18 Punkte
	8 bis 15 Punkte
	< 8 Punkte

Hürdenschritt

> Anhand dieser Übung schätzt man schwerpunktmäßig ein, ob die Gelenke rechts und links gleichermaßen beweglich und ob die Muskeln seitengleich leistungsfähig genug sind, um den Rumpf ausreichend zu stabilisieren. Bei der Step-Bewegung kann man schnell feststellen, welche Seite leistungsfähiger ist. Man braucht für den Test ein Tapeband, einen Gymnastikstab und einen Türrahmen.

Koordination	★★★★★
Feinmotorik	★★★☆☆
Gleichgewicht	★★★★☆
Reaktion	★★☆☆☆
Muskelkraft	★☆☆☆☆

1 Miss mit einem Meterstab die Strecke vom Boden bis unterhalb deiner Kniescheibe ab. Klebe dann auf dieser Höhe das Tapeband vorn auf einen Türrahmen. Das Band sollte als eine Art Hürde ganz gespannt sein.

WICHTIG: Halte deinen Körper während der Bewegung möglichst so stabil und aufrecht, dass deine Hüften oder der Stab nicht einseitig ausweichen bzw. absinken.

> INFO

Für alle Sportarten, in denen du gehst oder läufst, ist es wichtig, dass die seitlichen Rumpfmuskeln kräftig sind. Denn sie sind für die Seitenstabilität verantwortlich. Sind sie nicht genügend ausgeprägt oder trainiert, kommt die gesamte Körpersymmetrie aus dem Lot, und Fehlbelastungen sind die Folge. Wenn du dich im Sport verbessern möchtest, solltest du solche Fehlbelastungen vermeiden.

2 Stelle dich nun mit gestreckten Kniegelenken und nur leicht geöffneten Beinen so in den Türrahmen, dass die Fußspitzen direkt mit der Hürde abschließen. Halte den Gymnastikstab waagrecht hinter deinen Schultern (nicht hinter dem Nacken!). Er sollte vor dem Türrahmen rechts und links mit gleichem Abstand gehalten werden, ohne an diesen anzustoßen.

3 Hebe nun das rechte Bein und führe es über das Band, ohne es zu berühren. Die rechte Ferse soll hinter der Hürde kurz den Boden berühren. Führe dann den rechten Fuß sofort wieder zurück. Wenn du drei Berührungen hintereinander mit der rechten Ferse erreicht hast, führst du den Test auch mit dem linken Bein aus.

Welche Kriterien erfüllst du?	Punkte		
Hüfte, Knie und Sprunggelenk des Standbeins bilden eine Linie.	2	Beide Enden der Stange berühren den Türrahmen.	2
Oberkörper und Becken weichen nicht seitlich aus.	3	Die Stange berührt den Türrahmen nicht vorn (Rücken aufrecht).	3
Die Stange wird waagrecht gehalten.	2	Die Ferse des vorderen Fußes berührt den Boden.	1

Auswertung:	
	13 Punkte
	9 bis 12 Punkte
	< 9 Punkte

Gerader Ausfallschritt

BORIS BECKER » *Wenn du diesen geraden Ausfallschritt ausführst, wirst du schnell erkennen, wie leistungsfähig deine Gelenke und Muskeln auf der rechten und linken Seite sind. Vor allem kannst du damit überprüfen, wie beweglich die Gelenke der Beine sind und wie gut die Muskulatur deines Oberkörpers den Rumpf stabilisiert. Du brauchst wieder ein Tapeband, einen Gymnastikstab und einen Türrahmen.* «

Koordination	★★★★☆
Feinmotorik	★★★☆☆
Gleichgewicht	★★★★★
Reaktion	★☆☆☆☆
Muskelkraft	★★★☆☆

1 Klebe ein Tapeband so auf den Boden zwischen den Türrahmen, dass es wie eine Schwelle wirkt. Dann miss mit dem Tapeband die Höhe deines Schienbeins ab und klebe es im rechten Winkel mittig auf die Schwelle, sodass die eine Hälfte des Bands nach vorn, die andere nach hinten zeigt.

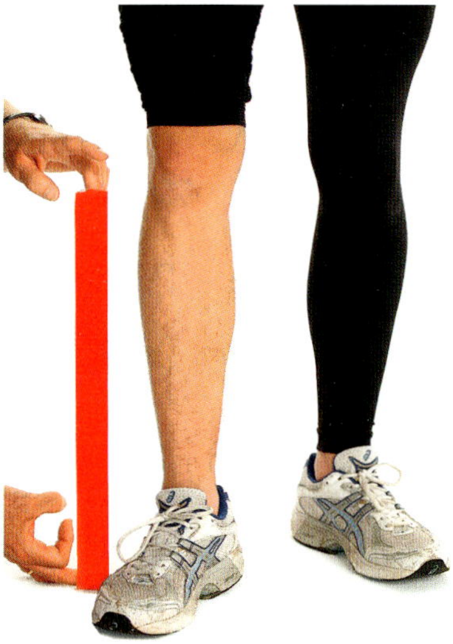

WICHTIG: Wenn du den Oberkörper dabei nicht oder nur kaum bewegst und die Kniescheibe des hinteren Knies den Boden berührt und zugleich die Ferse des vorderen Beins am Boden bleibt, führst du den Test richtig aus.

> TIPP

Falls du niemanden hast, der dich beobachten kann, solltest du den Test möglichst vor einem Spiegel ausführen. So kannst du sehen, ob du die Bewegung exakt ausführst. Das ist sehr wichtig, da der Test sonst nicht richtig ausgewertet werden kann. Zur Orientierung (die Stange darf nicht kippen!) ist es auch hilfreich, horizontale Linien auf den Spiegel aufzukleben oder aufzumalen.

2 Stelle dich so auf das Band, dass du mit der Ferse des vorderen Beins vorn an dem senkrecht zum Türrahmen verlaufenden Tapeband stehst und mit der Fußspitze des hinteren Beins hinten an diesem Tapeband. Halte den Gymnastikstab waagrecht hinter deinen Schultern (nicht hinter dem Nacken!), direkt hinter dem Türrahmen, der Abstand rechts und links ist gleich.

3 Aus dieser Position heraus machst du nun einen geraden Ausfallschritt. Gehe mit dem Oberkörper so weit nach unten, bis das Knie des hinteren Beins die Linie berührt, die Ferse des vorderen Beins bleibt dabei ganz auf dem Boden. Führe drei Wiederholungen auf jeder Seite aus.

Welche Kriterien erfüllst du?	Punkte		
Das Becken kippt seitlich nicht ab, sondern bleibt gerade.	2	Beide Füße können auf der Linie gehalten werden.	2
Die Stange kann waagrecht gehalten werden.	2	Stange berührt weder einseitig noch beidseitig den Türrahmen.	1
Das Knie des hinteren Beins erreicht den Boden.	3		

Auswertung:
10 Punkte
7 bis 9 Punkte
< 7 Punkte

Oberschenkeldehnung

> Wer wissen möchte, wie kräftig seine Hüft- und Beinmuskeln sind bzw. wie elastisch die rückseitigen Beinmuskeln sind, sollte den folgenden Test machen. Dabei wird schnell klar, wie es um die hintere Oberschenkelmuskulatur steht und ob man die Hüfte locker genug beugen kann.

Koordination	★★★☆☆
Feinmotorik	☆☆☆☆☆
Gleichgewicht	★☆☆☆☆
Reaktion	★☆☆☆☆
Muskelkraft	★☆☆☆☆

1 Lege dich in einen Türrahmen auf den Rücken. Dabei sollte deine Hüfte auf einer Linie mit dem Türrahmen sein. Die Testseite sollte den Türrahmen berühren. Dein Kopf liegt gerade auf dem Boden, deine Arme streckst du seitlich aus, die Handflächen zeigen nach unten.
Jetzt wird das gestreckte Testbein so weit wie möglich nach oben gehoben, die Fußspitze zeigt zu dir. Ziel sollte es sein, das Bein so hoch zu strecken, bis der Fußknöchel (Außenseite des Knöchels) den Türrahmen berührt. Das untere Bein bleibt dabei gestreckt. Der Test wird bis zu 3-mal wiederholt.

Welche Kriterien erfüllst du?	Punkte		
Der Fußknöchel des oberen Beins erreicht den Türrahmen.	3	Die Fußspitze des unteren Beins zeigt zur Decke.	1
Das Kniegelenk des unteren Beins kann gestreckt werden.	2		

Auswertung:

☺	6 Punkte
😐	4 bis 5 Punkte
☹	< 4 Punkte

Oberkörperdrehung

> Dieser Test zeigt, welche Drehbeweglichkeit die Wirbelsäule besitzt, insbesondere die Brustwirbelsäule. Gleichzeitig kann man feststellen, wie kräftig die Muskulatur der Hüften und des Oberkörpers zur Rumpfstabilisation ist. Man braucht nur einen Gymnastikstab und einen Türrahmen.

Koordination	★★★☆☆
Feinmotorik	★★★★☆
Gleichgewicht	★★☆☆☆
Reaktion	★☆☆☆☆
Muskelkraft	★★☆☆☆

1 Setze dich so in den Schneidersitz zwischen den Türrahmen, dass du eine Seite des Türrahmens siehst, die andere im Rücken ist. Positioniere jeweils einen Fuß seitlich vom Türrahmen, der Rücken bleibt dabei möglichst gerade. Halte den Gymnastikstab waagrecht mit gekreuzten Armen auf Schulterhöhe vor der Brust. Der Gymnastikstab soll beide Schlüsselbeine berühren.

2 Drehe dich nun aus dieser Ausgangsposition heraus möglichst weit nach rechts. Halte den Rücken dabei unbedingt gerade. Führe dann die Bewegung auch nach links aus. Teste, ob du es schaffst, dass der Gymnastikstab den Türrahmen vorn berührt.

Welche Kriterien erfüllst du?	Punkte
Drehst du dich nach rechts, sollte das linke, vordere Stabende an den Türrahmen kommen, und umgekehrt.	4
Die Stange kann waagrecht gehalten werden.	3
Der Oberkörper ist gerade, er kippt nicht nach vorn oder hinten.	2

Auswertung:	
🙂	9 Punkte
😐	7 bis 8 Punkte
🙁	< 7 Punkte

Was bedeuten die Testergebnisse?

Mit den Tests, die auf dem Prinzip des »Functional Training« beruhen (siehe Seite 103), kannst du einschätzen, ob dein Bewegungsapparat sich seitengleich und harmonisch ausgebildet hat. Denn nur wenn alle Muskeln mit Spieler und Gegenspieler und alle Gelenke sich gleichmäßig stark entwickelt haben, bist du so fit, dass du im Bereich der grünen Smileys abschneidest. Deine obere Körperhälfte korrespondiert optimal mit den unteren Extemitäten und du wirst langfristig keine Fehlbelastungen haben. Solltest du jedoch auch nur mit einem gelben Smiley abschneiden, ist es ratsam, diesen Körperbereich mit den entsprechenden Übungen zu trainieren.

Mit dem vielseitigen Gymnastikstab macht man z. B. Übungen für die Drehbeweglichkeit des Oberkörpers.

Nur grüne Smileys

Dein Testergebnis zeigt nur grüne Smileys! Alle Testziele hast du mit Bravour erreicht. Klasse, du bist wirklich rundum fit! Deine Muskelkraft ist in allen Bereichen ausgezeichnet und seitengleich ausgeprägt. Sowohl deine Dehnfähigkeit als auch deine Gelenkigkeit erlauben es dir, in fast allen Sportarten sehr gut abzuschneiden, wenn du weiterhin trainierst. Du verfügst über ein optimales Gleichgewichtsvermögen. Das Gleiche gilt auch für deine Koordinationsfähigkeit. Vermutlich bist du bereits regelmäßig sportlich aktiv. Mach weiter so und treibe wie bisher deinen Lieblingssport, damit du diese gute Form halten kannst. Natürlich könntest du mit deinen erstklassigen Voraussetzungen auch noch mal zur Abwechslung eine ganz neue Sportart beginnen. Vielleicht entdeckst du an dir dabei sogar noch ein neues Talent?

1 bis 3 gelbe Smileys

Insgesamt hast du ein gutes bis befriedigendes Ergebnis erzielt. Kann es sein, dass du ein wenig bequem geworden bist? Findest du es nicht an der Zeit, dich mal wieder aufzuraffen? Lass deine sportlichen Fähigkeiten nicht verkümmern. Denn es wäre doch schöner, noch etwas fitter zu sein, oder? Wenn du feststellst, dass deine Muskeln nicht über genügend Kraft verfügen, dann nichts wie ran an die Übung »Rumpfkräftigung« (Seite 196). Sie geht ganz einfach und du wirst bald Erfolge verbuchen können. Deine Dehnfähigkeit und deine Gelenkigkeit könntest du mit der Übung »Pezziball-Hocke« (Seite 194) trainieren. Und sicher möchtest du auch im Alltag eine gute Haltung haben. Wie wär's mit einem Waschbrettbauch? Die Übung »Rechter Arm zum linken Knie« (Seite 198) kann dir dabei helfen, deine Figur zu straffen. Du siehst, um deine Ergebnisse zu verbessern, brauchst du gar nicht so viel zu tun. Aber auf alle Fälle mehr als bisher! Pack's doch einfach mal an! Deine Leistungen in deiner Lieblingssportart werden sich auf jeden Fall dauerhaft verbessern. Auch beim gelegentlichen Kicken mit den Freunden oder beim Tanzen wird dir eine verbesserte Kondition nicht schaden.

Mehr als 4 gelbe oder rote Smileys

Du weißt es selbst. Die roten Smileys, die überwiegend hinter deinen Testergebnissen stehen, zeigen es: Du bewegst dich zu wenig und einige Kriterien dieser Tests kannst du einfach nicht erfüllen. Zwar wirst du dich meistens noch wohlfühlen und auch noch keine Schmerzen bei den Bewegungen haben. Wenn du aber so weitermachst wie bisher, wirst du früher oder später gesundheitliche Probleme bekommen: Denn dann kommt die Symmetrie deines Körpers weiter aus dem Lot, und Spieler und Gegenspieler der Muskeln halten sich nicht mehr die Balance. In diesem Fall versucht der Körper, sich durch Kompensationsbewegungen selbst zu helfen. Die langfristigen Folgen wären: frühe Verschleißerscheinungen an den Gelenken oder frühe Haltungs- und Rückenprobleme, die dich dann in deiner gesamten Leistungsfähigkeit einschränken werden. Woran liegt es, dass du so uninteressiert an Bewegung bist? Hast du vielleicht bisher keine Sportart gefunden, die dir gefällt? Hast du keine Freunde, mit denen du zusammen Volleyball oder Fußball spielen kannst oder willst? Gehst du nicht gern tanzen? Probier doch einfach mal die Übungen von Seite 194 bis Seite 199 aus. Sie sind ziemlich einfach und du kannst sie Schritt für Schritt üben. Und bald wirst du staunen, welche Gelenkigkeit, Dehnfähigkeit und Kraft in dir stecken. Du solltest nicht aufgeben, sondern dich auf verbesserte Ergebnisse freuen. In deinem Alter kann man rundum fit sein. Falls du dich aber insgesamt nicht wohlfühlst, solltest du mit deinem Arzt darüber sprechen. Vielleicht hat er noch eine weitere Lösung, wie du zu mehr Fitness gelangst.

Empfehlenswerte Übungen:

Hast du bei einigen der Tests ein gelbes oder rotes Smiley erhalten, ist das kein Grund zu verzagen. Die folgenden Übungen sind geeignet, die die Bewegungsabläufe zu trainieren, damit die Tests beim nächsten Mal besser ausfallen:

- **Tiefe Kniebeuge:** Pezziball-Hocke, Rumpfkräftigung, Oberkörperdrehung im Liegen (siehe Seiten 194, 196 und 199),
- **Hürdenschritt:** Pezziball-Hocke, Drehung auf dem Ball, Rumpfkräftigung, Oberkörperdrehung im Liegen (siehe Seiten 194, 195, 196 und 199),
- **Gerader Ausfallschritt:** Pezziball-Hocke, Drehung auf dem Ball, Rumpfkräftigung, Rechter Arm zum linken Bein (siehe Seiten 194, 195, 196 und 198),
- **Oberschenkeldehnung:** Pezziball-Hocke, Rumpfkräftigung, Rechter Arm zum linken Bein (siehe Seiten 194, 196 und 198),
- **Oberkörperdrehung:** Pezziball-Hocke, Drehung auf dem Ball, Rechter Arm zum linken Bein (siehe Seiten 194, 195 und 198).

Pezziball-Hocke

> Mit dieser Übung kann man nicht nur das Drehvermögen des Oberkörpers, sondern zugleich die Balancefähigkeit trainieren. Auch die Beinstreckermuskeln werden dabei gestärkt. Gerade für alle Ballsportarten, für Golf, Schwimmen (Kraul) oder Turnen ist diese Übung eine ideale Vorbereitung. Man benötigt hierfür einen Pezziball.

Koordination	★★★☆☆
Feinmotorik	★★☆☆☆
Gleichgewicht	★★★★☆
Reaktion	★☆☆☆☆
Muskelkraft	★★★★★

1 Setze dich auf einen Pezziball. Die Beine sind hüftbreit auseinander. Die Füße stehen parallel oder ein wenig nach außen gedreht auf dem Boden. Aus dieser Position heraus bewegst du nun deinen Oberkörper mit dem Pezziball nach vorn, dabei gehst du in die halbe Kniebeuge. Achte darauf, dass dein Rücken gerade bleibt. Setze beide Hände mit der ganzen Handfläche auf den Boden. Die Fingerspitzen zeigen dabei nach vorn.

2 Nun drehst du den rechten Arm nach außen-oben. Dein Blick folgt dem Arm. Die linke Hand bleibt auf dem Boden. Wiederhole diese Bewegung 4- bis 6-mal. Dann wechselst du die Seite und führst die Bewegung mit dem linken Arm aus.

Drehung auf dem Ball

> Für eine gute Haltung, aber auch für viele Sportarten ist es wichtig, dass sich die Brustwirbelsäule ausreichend gut drehen kann. Diese Übung hilft, die Muskelkette zu trainieren, die für die Drehbeweglichkeit des Oberkörpers und auch der Lenden-Becken-Hüft-Region zuständig ist. Man braucht für die Übung einen Pezziball und einen Gymnastikstab.

Koordination	★★★☆☆
Feinmotorik	★★☆☆☆
Gleichgewicht	★★★★☆
Reaktion	★★☆☆☆
Muskelkraft	★★★☆☆

1 Setze dich im sogenannten »Damensitz« auf einen Pezziball. Dein linkes (vorderes) Bein ist zwischen 70 und 90 Grad gebeugt, dein rechtes Bein ist angewinkelt. Der rechte Fuß berührt nur mit der Fußspitze den Boden. Halte den Gymnastikstab mit beiden Händen waagrecht hinter deinen Schultern (nicht hinter dem Nacken!). Der Rücken sollte ganz gerade sein.

2 Drehe aus dieser Ausgangsposition heraus deinen Oberkörper langsam nach rechts und wieder zurück. Wiederhole die Übung 3- bis 5-mal. Achte darauf, dass dein Becken bei der Drehung stabil bleibt. Wechsle dann deine Sitzposition so, dass dein rechtes Bein vorn ist und dein linkes Bein hinten. Drehe nun deinen Oberkörper nach links. Halte den Gymnastikstab mit beiden Händen waagrecht hinter deinen Schultern.

Rumpfkräftigung

BORIS BECKER » *Starke Muskeln am Bauch und am Rücken braucht man, damit der Oberkörper stabil bleibt. Um einen starken Oberkörper zu bekommen, ist die folgende Übung ideal. Hier kannst du gezielt die geraden Bauch- und Rückenmuskeln trainieren. Für diese Übung benötigst du zunächst einen Stuhl, im Folgenden dann zwei Stühle, die du zu einer Art Bank nebeneinanderstellst.* «

Koordination	★★★☆☆
Feinmotorik	★★☆☆☆
Gleichgewicht	★★☆☆☆
Reaktion	★☆☆☆☆
Muskelkraft	★★★★★

1 Stelle dich vor einen Stuhl. Stütze dich dann mit beiden Händen auf der Sitzfläche ab. Die Arme sind dabei gestreckt. Deine Füße stehen parallel nebeneinander. Strecke nun beide Beine so weit, dass die Beine und der Oberkörper eine Linie bilden. Nur die Fußspitzen berühren den Boden.

2 Verlagere nun dein ganzes Körpergewicht auf das linke Bein und winkle das rechte Bein nach vorn an, bis das Knie fast an den Stuhl stößt. Führe die Übung 8- bis 12-mal aus. Wechsle dann die Seite.

WICHTIG: Halte das Becken während der Übung seitlich stabil und ruhig. Achte darauf, dass du weder einen Rundrücken noch ein Hohlkreuz machst.

3 Stelle nun zwei Stühle nebeneinander, sodass eine Art Bank entsteht. Stütze dich mit beiden Unterarmen auf der Bank ab. Strecke die Beine so weit, dass die Beine und der Oberkörper eine Linie bilden. Nur die Fersen berühren den Boden. Die Füße stehen parallel.

4 Verlagere nun dein ganzes Körpergewicht auf das rechte Bein und beuge das linke Kniegelenk. Ziehe das linke Bein so weit wie möglich in Richtung Oberkörper. Führe die Übung 6- bis 8-mal aus. Wechsle dann die Seite.

Rechter Arm zum linken Knie

> Bei dieser Übung wird die gesamte Muskulatur trainiert, die dem Oberkörper Stabilität und Beweglichkeit verleiht, und zwar unter erschwerten Bedingungen auf dem instabilen Pezziball. Durch die Drehbewegung wird gleichzeitig das Zusammenspiel aller Muskeln geschult. Für die Übung braucht man lediglich den Pezziball.

Koordination	★★★☆☆
Feinmotorik	★★☆☆☆
Gleichgewicht	★★★★★
Reaktion	★★★★☆
Muskelkraft	★★★★★

1 Lege dich mit dem Rücken auf einen Pezziball. Beuge die Kniegelenke etwa im 90-Grad-Winkel. Die Füße stehen parallell auf dem Boden. Führe die Arme angewinkelt nach oben, bis die Hände die Schläfen berühren. Der Oberkörper und die Oberschenkel sollten eine Linie bilden.

2 Beuge aus dieser Ausgangsposition heraus den Oberkörper nach vorn und ziehe das linke Bein gebeugt so weit nach oben, bis der rechte Ellbogen das linke Knie berührt. Halte dabei das Becken stabil. Führe die Übung 6- bis 8-mal aus und wechsle dann die Seite.

Oberkörperdrehung im Liegen

> Für schnelle Reaktionen ist es in einigen Ballsportarten wie z. B. Handball, Basketball oder Tennis nötig, dass die Brustwirbelsäule optimal beweglich ist. Mit dieser Übung kann die Drehbeweglichkeit der Brustwirbelsäule gefördert werden, dabei wird sie gezielt entspannt und gedehnt. Man braucht hierfür ein Theraband und eine Gymnastikmatte.

Koordination	★★☆☆☆
Feinmotorik	★★★☆☆
Gleichgewicht	☆☆☆☆☆
Reaktion	☆☆☆☆☆
Muskelkraft	★★★★☆

1 Lege dich mit dem Rücken auf eine Gymnastikmatte. Drehe dann den Oberkörper und die linke Hüfte nach rechts, beuge dabei das linke Bein in Knie und Hüfte im 90-Grad-Winkel, das rechte liegt gestreckt auf der Matte. Die rechte Hand umfasst das linke Knie, die linke greift das Theraband, das an einem Türrahmen befestigt ist.

2 Aus dieser Ausgangsposition heraus drehst du den Oberköper nach links und ziehst den linken Arm gegen den Widerstand des Therabands nach links unten. Dein Blick folgt dem linken Arm. Bleibe 2 bis 3 Sekunden in dieser Position, bevor du dich langsam wieder in die Ausgangsposition zurückdrehst. Führe die Übung 8- bis 12-mal aus.

Mehr Spaß am Sport

Mit 16 winkt schon die vermeintlich große Freiheit – das Erwachsensein. Jugendliche gehen mehr und mehr ihre eigenen Wege, und der Einfluss der Eltern schwindet zusehends, und ebenso – leider – bei manchen Kindern auch das Interesse am Sport. Diejenigen, die bisher keinen Sport getrieben haben, werden sich jetzt erst recht nicht mehr durch Ermahnungen dazu bewegen lassen. Und auch bei den anderen rauscht, das belegen Studien, die sportliche Aktivität gegen Ende der Pubertät in den Keller. Das Tagespensum von einer Stunde, das die Weltgesundheitsorganisation empfiehlt, erreichen nur noch ganze 3,3 Prozent der 17-Jährigen. Immerhin noch knapp die Hälfte der Jungs geht weiter seinem Vereinssport nach, bei den Mädchen ist es noch etwa jede Dritte. Die Interessen verschieben sich, Terminkalender wachsen an, Freunde nehmen viel Zeit in Anspruch – da bleibt der Sport leicht auf der Strecke, wenn er bis dahin keinen hohen Stellenwert hatte. Andererseits nehmen viele junge Sportler gerade jetzt Anlauf zu ihren persönlichen Bestleistungen, im Breitensport wie im Spitzensport. Mit 17 das Endspiel in Wimbledon zu gewinnen ist sicher eines der sensationellsten Beispiele dafür. Die Leistungskurven zeigen in diesem Alter steil nach oben. Motorische Fähigkeiten erreichen ihren Höhepunkt, und die angekurbelte Testosteron-Produktion fördert den Muskelaufbau und steigert das Potenzial für Kraft und Ausdauer. Gerade in der Übergangszeit zum Erwachsensein hat das Training ganz entscheidenden Einfluss darauf, wie lange und auf welchem Level die persönliche Leistungsfähigkeit und Fitness bestehen bleibt.

Der Einfluss der Eltern

Doch auch wer keinen Sportler zum Sohn oder zur Tochter hat, braucht nicht resigniert mit den Schultern zu zucken – Eltern haben schon noch Einflussmöglichkeiten auf die Bewegungsaktivitäten der Jugendlichen. Nach wie vor können Sie ihnen anbieten, den Freund oder die Freundin zu gemeinsamen Wochenendausflügen mitzunehmen. Schon aus finanziellen Gründen wird das von Papa oder Mama gesponserte Wintersport-Wochenende auch von großen Kindern noch gern angenommen.

Fun auf dem Skateboard: In der Stadt, im Park oder über Land – Hauptsache, der Weg ist schön eben.

Wenn Sie erfahren, dass gleichaltrige Jugendliche sich zum Inlineskaten, zum Volleyball oder zum Joggen treffen, können Sie Ihren Sohn oder Ihre Tochter darauf hinweisen und motivieren mitzumachen. Oder Sie können generell solche Treffen anregen, die ab einer gewissen Teilnehmerzahl durch das Stammtisch-Prinzip interessant werden: Alle gehen hin, also darf ich auch nicht fehlen. Studien belegen, dass sportliche Aktivität von Kindern stark davon beeinflusst wird, ob Freunde daran teilnehmen.

Spaß statt Leistung

Die Vereinsflucht ist in der späten Pubertät ein weitverbreitetes Phänomen, sie muss aber keineswegs im Nichtstun enden. Stattdessen löst oft der flexiblere und weniger leistungsorientierte Freizeitsport den organisierten Vereinssport ab. Beachvolleyball, ein Freizeitkickertreff, mit Freunden wandern oder schwimmen, sich zum Badminton oder Tennis treffen, solche Gemeinschaftsaktivitäten werden wichtiger als irgendwelche Platzierungen, Ehrungen oder Medaillen. Eltern sollten derartige kollektive Aktivitäten unterstützen.

Der Übergang zum Erwachsenenalter ist eine ideale Zeit, um mit Ausdauersportarten zu beginnen, z. B. mit Joggen. Gerade die Laufausdauer ist bei jungen Erwachsenen besonders hoch, vor allem bei Frauen. Männer erreichen ihre maximale Laufleistung etwas später. Laufen, Nordic Walking, Schwimmen oder Radfahren wird man meist nicht allein, sondern gemeinsam mit einem Freund oder einer Freundin. So macht es erstens mehr Spaß und zweitens zieht einer den anderen oft mit. Nicht jeder hat an jedem Tag gleich viel Lust auf Betätigung, und oft kommt man leichter auf Trab, wenn ein anderer die Initiative übernimmt. Das geht Erwachsenen kaum anders als Jugendlichen. Von Vorteil ist es, wenn sie sich zu regelmäßigen Laufterminen verabreden oder einen privaten Lauftreff organisieren. Wenn genügend Freunde wissen, dass z. B. immer dienstags und freitags um fünf Uhr von einem bestimmten Treffpunkt aus gelaufen wird, kommen wahrscheinlich zwei oder mehr zusammen. Junge Erwachsene fordern mehr Freiheiten und mehr Selbstständigkeit, dafür müssen sie auch ihr eigenes, persönliches Bewegungsmanagement entwickeln. Das kann ihnen jetzt niemand mehr abnehmen. Was sie tun und welchen Sport sie ausüben, ist Ausdruck ihrer Identität, und es macht sie als Person unverwechselbar. Im Idealfall wird eine bestimmte sportliche Leidenschaft zum festen Bestandteil ihres Lebens.

Obwohl es so leicht aussieht, braucht das Spiel mit dem Diabolo einige Übung

Der Kick und das Risiko

Bei vielen Jugendlichen und jungen Erwachsenen stehen Outdoor-Abenteuer und aufregende Freizeitsportarten weit oben auf der Attraktivitätsliste. Ein gigantischer Erlebnis-Markt ist entstanden, der immer wieder neue Kicks anbietet. Ob Rafting auf Gebirgsflüssen, Canyoning in Schluchten, Freeclimbing oder Gleitschirmfliegen – fast in jedem Jahr kommt eine neue Sportart oder Attraktion dazu. Viele Eltern, deren große Kinder solche Unternehmungen mitmachen möchten, sorgen sich wegen des Risikos, das damit verbunden sein könnte, denn trotz der Beteuerungen der Anbieter, für maximale Sicherheit zu sorgen, sind doch ständig Meldungen über Unfälle und Verletzte zu lesen.

Zunächst hilft es, echten Sport von Konsum-Abenteuern zu unterscheiden. Bergsteigen oder Klettern, Segeln oder Surfen sind Sportarten, die einen gigantischen Kick mit sich bringen können. Jedoch nicht am ersten Tag,

Basketball oder die amerikanische Variante Streetball ist unter Jugendlichen so beliebt wie nie zuvor.

denn bevor der Sportler mit solchen Erlebnissen belohnt wird, muss er eine Menge können und oft auch wissen. Wissen aber mindert Risiken. Gute Kletter- oder Segelschulen vermitteln neben Spaß und Können auch ein Gefahrenbewusstsein. Jugendliche in den Schulen werden langsam und stetig an ihre Grenzen herangeführt, und mit steigendem Können werden auch diese Grenzen immer ein wenig weiter hinausgeschoben. Wenn sich dann beim Sport draußen der berühmte Kick einstellt, ist das meistens nicht gefährlich. Die Schüler haben vorher gelernt, wie sie Gefahren managen können, und die Trainer haben immer noch ein Sicherheitsnetz eingebaut, für den Fall, dass etwas schiefläuft.

Risiken richtig einschätzen

Bevor Sie Ihre großen Kinder allein zum Surfen oder ins Gebirge lassen, sollten Sie ihnen vertrauen, dass sie sich nicht unbedacht in Gefahr begeben oder sich mehr zutrauen, als sie bewältigen können. Versuchen Sie deshalb, sich vorher ein Bild vom Können Ihrer Kinder zu machen, und lassen Sie sich genau ihre Pläne schildern.

Wenn Sie selbst etwas vom Vorhaben des Kindes verstehen, können Sie mit Ihren Kindern die kritischen Gefahrenpunkte der geplanten Unternehmung durchsprechen (»Was macht ihr, falls ...?«). Manche Risiken, wie etwa ein Wettersturz beim Wandern im Gebirge oder beim Segeln auf dem See, kann man nie ganz ausschließen, aber durch entsprechend vorsichtiges Verhalten minimieren.

Vorsicht: Kommerzielle Anbieter

Typisch an kommerziellen Outdoor-Abenteuern ist, dass jeder ohne Vorkenntnisse und ohne besondere Schulung mitmachen kann. Gigantische Ausrüstungsschlachten vermitteln den Eindruck, dass eigentlich nichts schiefgehen kann, und dieser Eindruck trügt gottlob in den meisten Fällen nicht. Doch bevor Sie Ihren Sohn oder Ihre Tochter sich in Situationen begeben lassen, die sie nicht selbst kontrollieren können, weil sie den Abenteuer-Profis mangels Kenntnissen und Übung völlig ausgeliefert sind, sollten Sie sich ein Bild vom Veranstalter machen. Seit wann betreibt das Unternehmen diese Art von Aktivität? Wie neu ist das Material und wie erfahren ist das Personal? Gibt es ein offenes Forum auf der Webseite, in denen frühere Teilnehmer ihre Erfahrungen schildern? Wenn möglich, gehen Sie mit Ihrem Kind vorher als Zuschauer hin und verschaffen Sie sich selbst einen Eindruck. Sollte Ihr Bauchgefühl nicht stimmen und Ihre Bedenken nicht vom Tisch sein, dann geben Sie Ihre Erlaubnis nicht. Auch wenn sich ein Jugendlicher von Verboten immer weniger beeindrucken lässt, sitzen Sie als Finanzier doch am langen Hebel. Und vielleicht lässt sich zusammen ja eine gute Alternative finden.

> Beliebte Sportarten für Jugendliche

Joggen Wenn aus Kindern junge Erwachsene werden, kommen immer mehr auf die Idee, die einfachste Fitness-Sportart in ihren Alltag einzubauen. Manche laufen früh vor der Schule oder der Uni, andere zur Entspannung am Abend. Manche laufen lieber allein mit Musik oder Radio im Ohr, andere lieben die kommunikativere Variante zu zweit oder zu mehreren. Zum Joggen braucht man nichts außer einem Paar guter Schuhe, und joggen lässt sich kostenlos bei jedem Wetter. Wer übergewichtig ist und sich beim Laufen schwertut, wählt stattdessen das sportliche Gehen, das als Nordic Walking in Mode gekommen ist. Beide Sportarten trainieren Herz und Kreislauf und kräftigen die Muskulatur von Beinen, Gesäß und Rumpf. Stoffwechselprozesse werden angeregt, Stresshormone abgebaut und das Immunsystem gestärkt. Der erhöhte Sauerstoffumsatz steigert die Konzentration. Darum ist Laufen ein idealer Ausgleich für kopfarbeitende Schüler und Studenten.

Biken und Radfahren Radfahrer sind auf asphaltierten Wegen und Straßen unterwegs, die ganz Sportlichen mit Rennrädern, wogegen Biker – gemeint sind hier natürlich die unmotorisierten Mountainbiker – mit ihrem Rad gern durchs Gelände fahren. Je nach Länge, Steigung und Beschaffenheit der Strecke erfordert es viel oder weniger Kraft, Ausdauer und Kondition. Der Erlebniswert ist hoch, der Preis fürs Rad manchmal auch. Außerdem braucht man Helm, Radkleidung und Handschuhe. Radeln ist aber auch ein idealer Alltagsausgleich zur Kopfarbeit im Sitzen. Solange Ihr Sohn oder Ihre Tochter noch keinen Führerschein besitzt und kein Motorfahrzeug hat, ist das Rad ohnehin ein schnelles und flexibles Verkehrsmittel, das nebenbei für Bewegung sorgt.

Bergsteigen und Skitouren werden bei jungen Erwachsenen neben dem Klettern und Snowboardfahren immer beliebter. Wer zu Fuß im Gebirge unterwegs ist, egal ob im Sommer oder im Winter, hat ein optimales Ausdauertraining, verbunden mit einem oft gigantischen Naturerlebnis abseits der üblichen Wege. Beides ist eine Wochenend- oder Urlaubssportart. Junge Leute gehen am besten mit einem erfahrenen Bergführer, der Wege und Gefahren im Gebirge kennt. Allein ins Gebirge wagen sollte sich nur, wer sich schon gut auskennt und eine gute Ausrüstung hat.

Rudern ist bei Studenten sehr beliebt, nicht nur weil es zum Angebot vieler Universitäten gehört und weil es in den britischen Unis Oxford und Cambridge eine lange Tradition hat. Rudern ist leicht zu lernen und eine optimale Ganzkörper-Belastung. Es stärkt die Bein- und Rumpfmuskulatur, regt Herz und Kreislauf an und bietet einen Erholungseffekt in der Natur. Es fördert Ausdauer, stärkt die Willenskraft und nicht zuletzt den Teamgeist.

Radtouren unternehmen junge Leute gern in Gruppen.

Für meine Kinder

» Wer weiß, was das Leben noch mit mir vorhat. Aber wenn mich auch in zwanzig Jahren meine Kinder noch um Rat fragen und vielleicht mit mir den Urlaub verbringen wollen, weil sie gern mit mir zusammen sind, dann habe ich das wichtigste Match in meinem Leben gewonnen. «

Warum gerade ich?

Während der Arbeit an diesem Buch habe ich mich damit beschäftigt, dass sich Menschen fragen werden, warum gerade ich darüber Bescheid wissen sollte, was für Kinder gut ist. Ausgerechnet der Becker, der geschiedene Vater mit unehelicher Tochter, der anscheinend so viele Fehler in seinem Leben gemacht hat – privat und beruflich. Und als ich meine Idee Verlagsvertretern vorgestellt habe, bin ich mit all den Klischees, die die Öffentlichkeit von mir hat, konfrontiert worden. Über mich ist so vieles geschrieben worden, nicht wenig davon war von A bis Z erlogen. Es gibt wenig Menschen, vor allem in Deutschland, die nicht meinen, über mich etwas sagen zu können. Wenn ich im Ausland bin, erlebe ich, dass es dort ein viel geringeres Schubladendenken gibt als bei uns. Aber das eine ist die öffentliche Wahrnehmung, und das andere Bild zeigt mich, Boris Becker, so wie er ist mit seinen ganz privaten Empfindungen.

Zum Glück verstehen sich die beiden Brüder super, auch wenn es manchmal kleinere Streitereien gibt.

Ich bin überzeugt, dass man nur dann Kinder stark machen kann, wenn man selbst stark ist, und damit meine ich vor allem mentale Stärke. Stark werden aber kann man nur über Erfahrungen – gute wie schlechte. In den Phasen meiner schlimmsten Krisen habe ich mich gefragt, warum passiert mir das. Heute weiß ich, dass mich gerade die Niederlagen und die eigenen Fehler zu dem gemacht haben, was ich bin. Dass ich viele dieser Fehler nicht im Verborgenen machen konnte, lag an meiner Bekanntheit. Wenn schon die ganze Nation über einen spricht, obwohl man erst 17 ist, bleibt man im Fokus der Aufmerksamkeit – so hat die Öffentlichkeit eben auch jede Dummheit von mir mitbekommen. So wie ich kein unfehlbarer Mensch und Sportler bin, so bin ich auch kein unfehlbarer Vater.

Väter sind auch nur Menschen

Eltern dürfen Fehler haben und machen, Kinder auch. Wir sind alle nicht perfekt. Meine Ehe ist gescheitert, und das hat meinen Kindern, vor allem Noah, wehgetan. Ich habe eine Tochter gezeugt, die nun damit leben muss, dass sie einen berühmten Papa hat und eine Mutter, die aus ihr eine kleine Berühmtheit machen will. Die Kinder tragen eine Hypothek. Sie sind hineingeboren worden in Lebenssituationen, die sie sich nicht aussuchen konnten. So ist es uns auch einmal ergangen. Das können wir nicht ändern, aber wir können unsere Kinder darin unterstützen, dass sie besser zurechtkommen, mit dem, was wir Erwachsenen ihnen zumuten. Wir können sie ernst nehmen in ihren Sorgen. Ich kann für meine kleine Tochter lange nicht so intensiv da sein, wie ich es möchte. Aber ich versuche ihr das Gefühl von Nähe zu geben, auch wenn ich nicht physisch anwesend bin, indem ich an sie denke und mit ihr telefoniere und ihr meine Liebe zeige, wenn wir uns sehen. Ich versuche Einfluss zu nehmen auf die Mutter und ihre Erziehung, und ich bemühe mich im Rahmen meiner Möglichkeiten, das Kind zu schützen. Nun mag unser Fall speziell sein, aber so wenige Väter, die ohne konkrete Planung zu Nachwuchs gekommen sind, gibt es auch wieder nicht. Und unter diesen sind sicher welche, die sich mehr Einfluss wünschen, da sie nicht nur Pflichten erfüllen und zahlen wollen, sondern eben auch jenen Alltag erleben möchten, von dem ich schon gesprochen habe.

Wir sind immer nah beieinander, wenn wir uns sehen.

Als mein Sohn Elias seinen siebten Geburtstag feierte, vergaß Barbara, mich einzuladen. Ich bin trotzdem nach Miami geflogen und stand plötzlich vor der überraschten Geburtstagsgesellschaft. Was macht der hier?, werden sich einige gefragt haben. Elias und Noah haben sich beide sehr gefreut, andere vielleicht etwas weniger. Elias ist auch mein Sohn, und an Tagen, die für meine Kinder wichtig sind, möchte ich wenigstens gefragt werden, ob ich nicht auch dabei sein will. Das hat am Ende dieses Geburtstags, ohne dass ich darüber ein Wort verlieren musste, jeder verstanden. Man muss einen Standpunkt einnehmen – gerade dann, wenn man geschieden ist und von den Kindern getrennt lebt.

Ich habe in meiner eigenen Familie erlebt, was für ein großes Gefühl der Sicherheit es war, dass meine Eltern so selbstverständlich zusammen waren. Hinzu kam, dass meine Schwester Sabine sich um mich gekümmert, ja, mich bemuttert hat und sie bis heute mein größter Fan ist. Als sie mich körperlich noch deutlich überragte, legte sie ihren Arm um meine Schulter. Nachdem ich sie eingeholt hatte, war es umgekehrt. So stehen wir auf den meisten Kinderfotos ganz nah beisammen. Es ist sehr schön, Geschwister zu haben, mit denen man sich versteht, und ich bin sehr froh um meine kleine große Schwester.

Ich merke bei Elias, wie wichtig sein großer Bruder für ihn ist. Wenn es uns Erwachsenen nicht gelingt, den Kleinen von etwas zu überzeugen, dann schafft es Noah. Als wir die Übungen zu diesem Buch machten, war es für Elias manchmal schwer, weil er glaubte, etwas aufgrund seines Alters nicht genauso gut zu können wie Noah. Das war aber immer sein eigenes, subjektives Empfinden. Ganz objektiv hat er alle Übungen überdurchschnittlich gut gemeistert. Noah hat es in solchen Situationen mit viel Geschick erreicht, dass er doch gesprungen oder geklettert ist. Er hat ihm das Gefühl gegeben, dass das, was er in seinem Alter schafft, genauso gut ist wie das, was die älteren erreichen konnten. Und so war es dann auch.

Anna und ihr etwas älterer Bruder Elias.

Ich habe gesehen, wie schön es für Anna war, ihre Brüder kennenzulernen und zu spüren, dass sie eine Familie hat, die ihr niemand mehr wegnehmen kann. Elias und Anna sind ein Herz und eine Seele, und das zu sehen ist für mich das pure Glück.

Väter müssen loben lernen

Mütter haben neun Monate, in denen sie ihr Kind spüren, um es dann aus eigener Kraft auf die Welt zu bringen. Väter können bei der Geburt die Mutter zwar unterstützen – ich war dabei, als meine Söhne geboren wurden –, aber sie stehen letztlich doch nur daneben. Mütter haben eine ganz andere emotionale Verbundenheit mit ihren Kindern, die eben lange vor der Geburt einsetzt. Väter haben erst in den letzten beiden Jahrzehnten offen zeigen dürfen, dass sie eine andere Rolle einnehmen wollen als diejenige, die ihnen ihre Vorfahren zugedacht hatten. Bei meinem Vater habe ich erlebt, wie schwer sich diese Generation damit tat, Gefühle zu zeigen. Väter mussten das Geld verdienen und streng sein. Nur wer streng war, erhielt Respekt, und der Respekt der Kinder und der eigenen Frau war entscheidend dafür, dass sich die Männer von damals männlich fühlten. Zum Glück hat sich heute in dieser Hinsicht so vieles verändert. Meinem Vater wäre es nicht eingefallen, die Windeln zu wechseln oder später mit uns Schularbeiten zu machen. Auch Lob war nicht gerade seine Stärke, eher Kritik. Da habe ich eine ganz andere Überzeugung. Ich weiß, welche Rolle es besonders für Söhne spielt, wenn sie von ihrem Vater gelobt werden. Dies trifft vor allem dann zu, wenn sie auf Gebieten gut sein wollen, die für den Vater eine besondere Bedeutung haben, aber nicht nur da. Man muss seine Kinder loben, ihnen sagen, dass sie etwas gut gemacht haben, und sie dadurch motivieren. Man darf sie auch kritisieren, aber dabei das Loben nicht vergessen.

Die Kleine und der Große.

In deutschen Schulen, ich erinnere mich genau an meine Schulzeit, wird meistens zuerst genörgelt. In englischen oder amerikanischen Schulen, das erlebe ich bei Noah und Elias, wird immer zuerst gelobt. Die Lehrer zählen auf, was gut war, und sagen dann, was man verbessern sollte. Aber sie kommunizieren ihre Kritik so, dass die Kinder sie annehmen können. Kinder verlieren auf diese Weise nie das Selbstvertrauen, sondern gehen auch dann noch gestärkt aus einem Gespräch, wenn sie etwas nicht so toll gemacht haben. Es geht nicht darum, zu gewinnen, aber man muss immer versuchen, wenn man verloren hat, wieder aufzustehen und weiterzumachen. Das ist das Wichtigste.

Die Väter von früher hatten Angst davor, ihre Söhne zu verzärteln, sie wollten bloß nicht zu viel körperliche Nähe. Ich hingegen liebe dieses »Körpern«, wie ich es nenne. Ich liebe es, meine Kinder zu riechen, zu umarmen, mit ihnen in einem Bett zu schlafen, und ich nehme meine Kinder an, so wie sie sind. Manchmal sind sie stark und manchmal schwach.

Ich ahne, dass es meinem Vater schwergefallen ist, zu akzeptieren, dass ich nach dem schlimmen Autounfall, den ich mit drei Jahren hatte, erst für lange Zeit zu sprechen aufhörte und dann, als ich wieder etwas sagte, zu stottern anfing. Der Wagen hatte sich überschlagen, als ich mit meinem Onkel auf glatter Fahrbahn im Winter unterwegs war. Meine Eltern und meine Schwester waren in den

Skiferien, aber ich war noch zu klein zum Skifahren und blieb daher in Leimen bei dem Bruder meiner Mutter. Nach dem Unfall hatte ich einen Schock, aber da die Untersuchungen im Krankenhaus unmittelbar nach dem Crash keine körperlichen Verletzungen gezeigt hatten, wurden meine Eltern erst bei ihrer Rückkehr über das Geschehen informiert. Ich glaube, bei meiner Mutter sitzt der Schrecken bis heute tief. Sie war nicht bei mir, und vielleicht fuhr sie gerade zum Zeitpunkt des Unfalls nichts ahnend die Piste herunter. Ich musste mir in den folgenden Jahren die Wörter erarbeiten und die Sprache zurückgewinnen. Es ist mir lange schwer gefallen, flüssig zu sprechen – und über meine »Ähs«, die ich in Interviews nicht vermeiden konnte, haben sich ja viele ausgiebig lustig gemacht.

Diese Erfahrung hat mir gezeigt, dass manche Kinder Zeit brauchen, um sich zu entwickeln und Sicherheit zu gewinnen. Der Sport hat mir dabei sehr geholfen, er war für mich die perfekte Balance – aber einen solchen Ausgleich muss man eben erst einmal haben. Ich möchte nicht wissen, wie vielen Kindern es in ihrer persönlichen und körperlichen Entwicklung helfen würde, wenn sie sich ausgiebig mit Sport oder Musik beschäftigen oder malen würden. Ganz zu schweigen von der Anerkennung der Freunde, der Mitschüler, der Eltern, der Lehrer – denn Anerkennung macht Kinder stark.

Wie schön wäre es, wenn sich die Geschwister öfter sehen könnten.

Wovon bekomme ich eine Gänsehaut?

Als ich zusammen mit meinen Kindern 2006 auf Mallorca war, habe ich mich so glücklich gefühlt wie selten in meinem Leben. Nachdem sie abgereist waren, konnte ich nichts Vernünftiges mehr tun, ich lag zehn Tage nur so rum. Ich war emotional zu erschöpft. Ich musste diese überwältigenden Gefühle erst mal verarbeiten und in vollen Zügen genießen. Eine große Leere spüre ich jedes Mal, wenn die Kinder nach Wochen des intensiven Zusammenseins wieder abreisen. Beim Abschied reist immer ein Stück meines Herzens mit.

Dabei weiß ich, dass in jedem Moment ein Querschläger kommen kann. Da klingelt das Telefon, und ein Anruf aus Amerika, aus London oder aus Leimen kann die Welt verändern, und das, was bisher gut war, ist dann vielleicht nicht mehr da.

Ich habe Respekt vor der Unberechenbarkeit des Lebens. Ich weiß, dass nichts sicher, nichts für immer beständig ist. Das habe ich zu oft selbst erlebt. Darum muss ich hier und jetzt leben und mir das erfüllen, was mir wichtig ist. Ich fühle mich heute gereinigt, weil ich viel mit mir und anderen geklärt habe, und ich habe neue Kraft für das, was kommt.

Ich möchte gerne körperlich fit bleiben und sehen, wie meine Tochter und meine Söhne groß werden. Ich wünsche mir noch mehr Kinder, und ich würde auch gerne noch einmal heiraten. Ein großer Becker-Clan, warum nicht? Was gibt es Schöneres, wenn an einem Tisch viele Kinder sitzen.

Es wäre ein wunderbares Geschenk, wenn ich mit 60 Jahren Enkelkinder hätte, da ist man ja noch vital. Was wir in der Medizin in den letzten 25 Jahren erreicht haben, ist wirklich sagenhaft, auch aus diesem Grund hat die gesunde Ernährung eine so elementare Bedeutung. Ich will mich gut fühlen mit 50, 60, 70 und auch noch mit 80. Mir sind die Kinder so wichtig, dass ich aktiv bleiben will für sie und für ihre Kinder. Ich bin ein körperlicher Mensch. Ich muss springen, mich austoben können, und das wird sich auch nicht mehr ändern, wenn ich älter werde.

Ich werde die Finca auf Mallorca verkaufen, sie hat ihren Zweck erfüllt. Ich habe sie aus Beweggründen gekauft, die es nicht mehr gibt. Aber dort haben meine Kinder und deren Mütter, meine Schwester und ihre Familie, meine Mutter und viele Freunde wunderbare Tage verbracht. Wir haben dort gefeiert bis tief in die Nacht, und die Kinder und die der Freunde sind draußen in unserem Beisein im Innenhof in Schlafsäcken eingeschlafen, während wir tanzten und feierten. Es war ein großes Fest, eines mit fast dreißig Kindern. Das war die perfekte (verspätete) Taufe des Hauses, aber jetzt geht es wieder weiter.

Wer weiß, was das Leben noch alles mit mir vorhat. Aber wenn mich meine Kinder auch in zwanzig Jahren noch um Rat fragen und vielleicht mit mir den Urlaub verbringen wollen, weil sie gerne mit mir zusammen sind, dann habe ich das wichtigste Match in meinem Leben gewonnen.

Für meine Kinder

Wenn man in Wimbledon in das Ehrfurcht einflößende Clubhaus geht, dann steht auf einem Wandvorsprung eine Zeile aus Rudyard Kiplings Gedicht »If«. Ich habe diese Zeilen oft gelesen – in guten und in weniger guten Momenten, aber ich fand sie immer ganz besonders. Man versteht sie nicht mit 17, aber, wenn man Glück hat, mit 40 Jahren. Sie eignen sich für ein und besonders für mein Lebensmotto, denn es heißt darin:

If you can meet with Triumph and Disaster
And treat those two impostors just the same;

Gemeint damit ist, dass man auf Erfolg und Niederlage mit der gleichen Distanz und Reife reagieren müsse. Bist du zu sehr geschmeichelt nach einem Sieg oder sitzt du zu tief in einem dunklen Loch nach einer Niederlage, bist du in gleicher Weise gefangen und unfrei. Wie wahr.

Erst bei der Arbeit an diesem Buch hat mir meine Lektorin das ganze Gedicht zu lesen gegeben, und ich habe festgestellt, wie viele weitere kluge Verszeilen Kipling geschrieben hat. Er zählt auf, was man im Leben charakterlich und seelisch erreichen müsse, um ein Mann werden zu können. Es ist das Gedicht eines Vaters an seinen Sohn. Vielleicht weil ich selbst meine Zeit gebraucht habe, um diesem Mannwerden auf die Spur zu kommen, und auf diesem Weg noch nicht am Ende angelangt bin, aber doch ein gutes Stück weiter, glaube ich, dass ich weiß, was Kinder stark macht, und zwar Söhne und Töchter gleichermaßen. Und weil die letzten Zeilen dieses besonderen Gedichts so schön sind, sollen sie am Ende dieses persönlichen Textes stehen, den ich in aller Offenheit für meine Kinder geschrieben habe:

If you can fill the unforgiving minute
With sixty seconds' worth of distance run,
Yours is the Earth and everything that's in it,
And – which is more – you'll be a Man, my son!

Wenn jede Stund' erfüllst mit ihrem Werte,
Dass keine je vergeblich Dir zerrann:
Dein ist mit allem, was sie trägt, die Erde
Und – noch mehr als das – Du bist, mein Sohn – ein Mann!

Weiterführende Literatur

Bücher

Bös, K.:
Motorische Leistungsfähigkeit von Kindern und Jugendlichen. In: Schmidt, W.; Hartmann-Tews, I.; Brettschneider, W. (Hrsg.): Erster Deutscher Kinder- und Jugendsportbericht, Verlag Karl Hoffmann, Schorndorf 2003.

Cook, G.:
Athletic Body in Balance. Human Kinetics, 2003.

Hempel, U. et al.:
KIGGS. Kinder und Jugendgesundheitssurvey des Robert Koch-Instituts, Berlin 2006.

Koch, M.:
Die Gesundheit unserer Kinder. Dtv-premium, München 2007.

Liebisch, R.; Schieb, Ch.; Woll, A.; Wachter, H.-J.; Bös, K.:
Fitness in der Grundschule. Bundesarbeitsgemeinschaft für Haltungs- und Bewegungsförderung e.V., Wiesbaden 2002.

Weineck, J.:
Sportbiologie. 2. Aufl., Perimed Verlag, Erlangen, 1988.

Verstegen, M.; Williams, P.:
Core Performance. Das revolutionäre Workout Programm für Körper und Geist. Riva Verlag, München 2006.

Zeitschriften

Haltung und Bewegung, Heft 04/2001, 21. Jg., Bundesarbeitsgemeinschaft für Haltungs- und Bewegungsförderung e.V., Wiesbaden.

Haltung und Bewegung, Sonderheft 2004, 24. Jg., Bundesarbeitsgemeinschaft für Haltungs- und Bewegungsförderung e.V., Wiesbaden.

Bildnachweis

Alexander Haselhoff: 4 (links, mitte), 5 (links, rechts), 8, 23, 25, 33, 43, 44, 45, 47, 59, 69, 74, 75, 76, 77, 78, 79, 80, 83, 85, 87, 93, 94/95, 96, 99, 107, 109, 110, 113, 117, 144, 146–148, 162–165, 167–172, 178, 192, 204/205, Umschlag hinten (unten links und rechts); **(privat) Boris Becker:** 27, 28, 29, 31, 34, 36, 37, 72, 73, Umschlag hinten (unten mitte); **Boris Kodjoe:** Umschlag hinten (oben), 4 (rechts), 5 (mitte), 7, 26, 46, 49, 63, 70, 86, 206–210; **ifa-Bilderteam:** 103 links; **Kai-Uwe Nielsen:** 100, 101, 102 rechts, 103 rechts, 115, 118/119, 120–126, 128–136, 138–143, 145, 149, 152–159, 160–161, 166, 174–177, 179–180, 182–191, 194–201; **Photopool:** 102 links/ Siegfried Kuttig; **picture-alliance/dpa:** 17; **Mauritius:** 102 links, 202; **Superbild:** 203; **Wolfgang Wilde:** 15, 52, 84, 213.